中国国际减贫中心
IPRCC International Poverty Reduction Center in China

中国减贫与发展经验国际分享系列
The Sharing Series on China's Poverty Reduction
and Development Experience

U0644459

中国农村产业扶贫

政策与实践

China's Policies and Practices:
Poverty Alleviation through Developing Industries and Businesses

中国国际减贫中心◎编著
Edited by International Poverty Reduction Center in China

中国农业出版社
北 京

中国农村产业扶贫政策与实践
编 写 组

组　长：李玉恒　刘俊文

成　员：杜国明　文　琦　朱　琳　王永生　曹　智

　　　　李　涛　李全峰　施琳娜　陈宗峰　冯巍仑

　　　　徐丽萍　贺胜年　刘欢欢　姚　远　李宇峰

　　　　张轩畅　刘亚群　欧　聪　苏思信　胡斯威

　　　　王晟业　成汶璟　左文洁　张　云　赵　宁

◎ 总 序

消除贫困是人类梦寐以求的理想，人类发展史就是与贫困不懈斗争的历史。中国是拥有 14 亿人口、世界上最大的发展中国家，基础差、底子薄，发展不平衡，长期饱受贫困问题困扰。消除贫困、改善民生、实现共同富裕，是社会主义的本质要求，是中国共产党的重要使命。为兑现这一庄严政治承诺，100 多年来，中国共产党团结带领中国人民，以坚定不移、顽强不屈的信念和意志与贫困进行了长期艰苦卓绝的斗争。改革开放以来，中国实施了大规模、有计划、有组织的扶贫开发，着力解放和发展社会生产力，着力保障和改善民生，取得了前所未有的伟大成就。2012 年党的十八大以来，以习近平同志为核心的党中央把脱贫攻坚摆在治国理政的突出位置，习近平总书记亲自谋划、亲自挂帅、亲自督战，推动实施精准扶贫精准脱贫基本方略，动员全党全国全社会力量，打赢了人类历史上规模空前、力度最大、惠及人口最多的脱贫攻坚战。

脱贫攻坚战的全面胜利，离不开有为政府和有效市场的有机结合。八年间，以习近平同志为核心的党中央加强对脱贫攻坚的集中统一领导，发挥中国特色社会主义制度能够集中力量办大事的政治优势，把减贫摆在治国理政的突出位置，为脱贫攻坚提供了坚强政治和组织保证。广泛动员市场、社会力量积极参与，实施"万企帮万村"等行动，鼓励民营企业和社会组织、公民个人参与脱贫攻坚，促进资金、人才、技术等要素向贫困地区集聚。截至 2020 年底，现行标准下 9 899 万农村贫困人口全部脱贫，832 个贫困县全部摘帽，12.8万个贫困村全部出列，区域性整体贫困得到解决，完成了消除绝对贫困的艰巨任务。建成了世界上规模最大的教育体系、社会保障体系、医疗卫生体系，实现了快速发展与大规模减贫同步、经济转型与消除绝对贫困同步。

一直以来，中国始终是世界减贫事业的积极倡导者、有力推动者和重要贡献者。按照世界银行国际贫困标准，改革开放以来，我国减贫人口占同期全球减贫人口70%以上，占同期东亚和太平洋地区减贫人口的80%。占世界人口近五分之一的中国全面消除绝对贫困，提前10年实现《联合国2030年可持续发展议程》减贫目标，不仅是中华民族发展史上具有里程碑意义的大事件，也是人类减贫史乃至人类发展史上的大事件，为全球减贫事业发展和人类发展进步作出了重大贡献。

中国立足自身国情，把握减贫规律，走出了一条中国特色减贫道路，形成了中国特色反贫困理论，创造了减贫治理的中国样本。坚持以人民为中心的发展思想，坚定不移走共同富裕道路，是扶贫减贫的根本动力。坚持把减贫摆在治国理政突出位置，从党的领袖到广大党员干部，目标一致、上下同心，加强顶层设计和战略规划，广泛动员各方力量积极参与，完善脱贫攻坚制度体系，保持政策连续性稳定性。坚持用发展的办法消除贫困，发展是解决包括贫困问题在内的中国所有问题的关键，是创造幸福生活最稳定的途径。坚持立足实际推进减贫进程，因时因势因地制宜，不断调整创新减贫的策略方略和政策工具，提高贫困治理效能，精准扶贫方略是打赢脱贫攻坚战的制胜法宝，开发式扶贫方针是中国特色减贫道路的鲜明特征。坚持发挥贫困群众主体作用，调动广大贫困群众积极性、主动性、创造性，激发脱贫内生动力，使贫困群众不仅成为减贫的受益者，也成为发展的贡献者。

脱贫攻坚战取得全面胜利后，中国政府设立了5年过渡期，着力巩固拓展脱贫攻坚成果，全面推进乡村振兴。按照党的二十大部署，在以中国式现代化全面推进中华民族伟大复兴的新征程上，中国正全面推进乡村振兴，建设宜居宜业和美乡村，向着实现人的全面发展和全体人民共同富裕的更高目标不断迈进。中国巩固拓展脱贫攻坚成果和乡村振兴的探索和实践，将继续为人类减贫和乡村发展提供新的中国经验和智慧，为推动构建没有贫困的人类命运共同体贡献中国力量。

面对国际形势新动向新特征，习近平总书记提出"一带一路"倡议、全球发展倡议等全球共同行动，将减贫作为重点合作领域，致力于推动构建没有贫困、共同发展的人类命运共同体。加强国际减贫与乡村发展经验分享，助力全球减贫与发展进程，业已成为全球广泛共识。为此，自 2019 年起，中国国际减贫中心与比尔及梅琳达·盖茨基金会联合实施国际合作项目，始终坚持站在未来的角度、政策的高度精心谋划项目选题，引领国内外减贫与乡村发展前沿热点和研究走向。始终坚持将中国减贫与乡村发展经验与国际接轨，通过国际话语体系阐释中国减贫与乡村振兴道路，推动中国减贫与乡村发展经验的国际化传播。至今已实施了 30 余个研究项目，形成了一批形式多样、影响广泛的研究成果，部分成果已在相关国际交流活动中发布。

为落实全球发展倡议，进一步促进全球减贫与乡村发展交流合作，中国国际减贫中心精心梳理研究成果，推出四个系列丛书，包括"全球减贫与发展经验分享系列""中国减贫与发展经验国际分享系列""国际乡村发展经验分享系列"和"中国乡村振兴经验分享系列"。

"全球减贫与发展经验分享系列"旨在跟踪全球减贫进展，分析全球减贫与发展趋势，总结分享各国减贫经验，为推动《联合国 2030 年可持续发展议程》、参与全球贫困治理提供知识产品。该系列主要包括"国际减贫年度报告""国际减贫理论与前沿问题"等全球性减贫知识产品，以及覆盖非洲、东盟、南亚、拉丁美洲及加勒比地区等区域性减贫知识产品。

"**中国减贫与发展经验国际分享系列**"旨在讲好中国减贫故事，向国际社会分享中国减贫经验，为广大发展中国家实现减贫与发展提供切实可行的经验。该系列聚焦中国精准扶贫、脱贫攻坚和巩固拓展脱贫攻坚成果的经验做法，基于国际视角梳理形成中国减贫经验分享的知识产品。

"**国际乡村发展经验分享系列**"聚焦国际乡村发展历程、政策和实践，比较中外乡村发展经验和做法，为全球乡村发展事业提供交流互鉴的知识产品。该系列主要包括"国际乡村振兴年度报告""乡村治理国际经验比较分析报告""县域城乡融合发展与乡村振兴"等研究成果。

"**中国乡村振兴经验分享系列**"聚焦讲好中国乡村振兴故事，及时总结乡村振兴经验、做法和典型案例，为国内外政策制定者和研究者提供参考。该系列主要围绕乡村发展、乡村规划、共同富裕等议题，梳理总结有关政策、经验和实践，基于国际视角开发编写典型案例等。

最后，感谢所有为系列图书顺利付梓付出辛勤汗水的相关项目组、出版社和编辑人员，以及关心和支持中国国际减贫中心的政府机构、高校和科研院所、社会组织和各界朋友。系列书籍得到了比尔及梅琳达·盖茨基金会的慷慨资助以及盖茨基金会北京代表处的悉心指导和帮助，在此表示衷心感谢！

全球减贫与乡村发展是动态而不断变化的，书中难免有挂一漏万之处，敬请读者指正！

刘俊文

中国国际减贫中心　主任

2024 年 1 月

◎ 前 言

贫困是人类发展过程中长期面临的问题和现实难题，消除贫困，促进人类社会全面发展、进步与繁荣是国际社会共同的追求，也是人类社会进步的重要标识。截至 2020 年底，中国现行标准下 9 899 万农村贫困人口全部脱贫，832 个贫困县全部摘帽，提前 10 年实现《联合国 2030 年可持续发展议程》的减贫目标。中国历史性消除了绝对贫困和区域性整体贫困，创造了人类减贫史上的奇迹，积累了大量宝贵经验。

产业扶贫始终是扶贫开发工作的重点内容。2013 年 11 月，习近平总书记提出"精准扶贫"的思想，开启了"产业精准扶贫"新阶段。全国 832 个贫困县均精心编制了产业扶贫规划，累计建成种植、养殖、加工等各类产业基地超过 30 万个。同时，旅游扶贫、光伏扶贫、电商扶贫等新模式新业态加速推进，每个贫困县均形成了 2～3 个特色鲜明、带贫面广的扶贫主导产业。在具体措施方面，一是加强规划引领，引导各地依据自身实际因地制宜发展特色产业，体现了区域发展的差异性与适应性原则；二是加大政策支持，涵盖财政、金融、土地等多方面政策，为产业扶贫提供了坚实的政策保障；三是强化产销对接，积极拓宽农产品销售渠道，促进了产业发展的良性循环；四是加强科技服务，提高产业发展的科技含量，符合科技创新驱动发展的时代要求；五是培育带贫主体，充分发挥龙头企业、合作社等的带动作用，实现了资源的有效整合与协同发展。在主要经验方面，首先，注重精准施策，根据不同地区、不同产业的特点，制定有针对性的扶贫措施，体现了扶贫工作的精准性与科学性；其次，坚持创新驱动，不断探索新的产业扶贫模式和机制，为产业扶贫注入了持续的动力与活力；再次，强化利益联结，让贫困群众能够充分参与产业发展并分享收益，确保了扶贫工作的公平性与可持续性；最后，加强组织领导，形成政府、市场、社会协同推进的工作格局，体现了多元主体共同参与的治理理念①。

本书聚焦中国农村产业扶贫政策与成效，包括七章内容。第一章主要论述了中国农村产业扶贫政策的相关内容。首先阐述了产业扶贫的重要意义及贫困地区产业发展面临的挑战，其次介绍了产业扶贫政策的内涵、适用对象及解决的核心问题。第二章主要讲述了因地制宜发展贫困地区特色产业，包括确定特色产业，科学编制产业发展规划，通过发挥新型经营主体带动作用和完善利益联结机制来建立益贫机制，提供保障要素支持。第三章围绕农村产业扶贫的政策保障要素展开，详细阐述了财政政策对农村产业的支持，包括财政资金支持特色产业发展，小额信贷扶贫政策"贷"动贫困人口增收致富，"雨露计划"提升贫困劳动力技能和就业能力，科技扶贫政策通过技术攻关、成果转化等支撑贫困地区产业发展，土地支持政策支持新型经营主体发展。第四章主要讲述了如何提升农村产业扶贫成效，包括组织开展产销对接，拓宽农产品市场营销；开展扶贫项目资产后续管理以及创新产业扶贫模式，包括光伏扶贫、电

---

① 国务院新闻办公室：《国务院新闻办就产业扶贫进展成效举行发布会》，2020 - 12 - 16，https://www.gov.cn/xinwen/2020 - 12/16/content _ 5569989. htm。

商扶贫和旅游扶贫。第五章探讨了如何建立农村产业联贫带贫机制。一方面通过支持新型经营主体联贫带贫，带动产业培育、就业和地方财政增收，实现脱贫。另一方面通过实施资产收益扶贫联贫带贫，针对产业扶贫中的问题，让贫困户分享产业发展红利。第六章聚焦如何防范农村产业扶贫风险，具体内容包括科学开展产业扶贫风险评估，建立产业扶贫风险防范机制，完善贫困地区涉农保险政策，包括拓展农业保险业务、建设农业保险服务网络等举措。第七章梳理总结了中国农村产业扶贫的成效与经验，包括构建了完善的产业扶贫政策体系，坚持精准扶贫方略、因地制宜精准施策，遵循产业发展规律、保持产业发展定力，坚持贫困群众主体地位、尊重基层创新创造。

本书详细阐述了中国的农村产业扶贫政策在解决贫困问题、推动农村发展方面取得的显著成效，其成功经验为其他发展中国家提供了宝贵的借鉴。通过深入研究中国的案例，其他国家可以学习如何根据自身国情制定合适的产业扶贫政策，如何有效地引导和支持贫困地区发展特色产业，以及如何建立健全的益贫机制和保障要素支持体系。这些经验的分享和学习借鉴，有助于推动全球减贫事业的发展，为实现联合国可持续发展目标做出积极贡献，对于广大发展中国家来说具有重要的参考价值和实践意义。

◎ 目 录

◎ 第一章　中国农村产业扶贫政策概论

一、产业扶贫政策的实施背景

（一）产业扶贫是稳定脱贫的根本之策

中国是世界上最大的发展中国家之一，基础差、底子薄，发展不平衡，长期饱受贫困问题困扰。中国的贫困规模之大、贫困分布之广、贫困程度之深世所罕见，贫困治理难度超乎想象。"让贫困人口和贫困地区同全国一道进入全面小康社会是我们党的庄严承诺。"2012年党的十八大以来，中国明确了到2020年我国现行标准下农村贫困人口实现脱贫、贫困县全部摘帽、解决区域性整体贫困的目标任务。

产业扶贫是中国脱贫攻坚的重要抓手之一。自2012年以来，产业扶贫方式也越来越受到重视。在脱贫攻坚战期间，产业扶贫是处于第一位置。发展产业是实现脱贫的根本之策。因为要激活脱贫致富内生动力，关键和基础举措是要发展好产业。没有产业，没有经济上的稳定后续来源，就没有真正意义上的脱贫。要因地制宜，把培育产业作为推动脱贫攻坚的根本出路。发展产业既是带动贫困群体就业、促进群众增收最直接最有效的路径，更是实现"两不愁三保障"目标有力可靠的支撑。

（二）产业扶贫是激活发展动力，阻断贫困发生的有效办法

产业扶贫是在尊重市场和产业发展规律的前提下，以政府适度干预和弥补市场失灵的制度安排，重配要素资源，赋予贫困人口平等的发展机

会，加速贫困人口再生产能力的恢复与长期稳定增收渠道的形成。产业扶贫基于其灵活性、适应性、多样性等特点，一直以来是中国扶贫开发的重要方式之一，被各贫困地区广泛采纳。

发展一个产业，带动一方经济，富裕一方百姓。产业是发展的根基，也是脱贫的主要依托。从中国扶贫工作的实践来看，没有产业带动，就难以彻底脱贫；缺乏产业支撑，更难以持续脱贫。产业扶贫强调遵循"宜农则农、宜林则林、宜牧则牧、宜商则商、宜游则游"的原则，打造特色产业集群，做强特色产业深加工，提升特色产业附加值。作为"造血式"扶贫，产业扶贫具有益贫性、精准性、参与性和安全性等特征。

（三）贫困地区产业发展面临诸多挑战，亟须政策支撑

贫困地区的县域经济实力不强，产业基础普遍薄弱。多数贫困区县具有"农业大县、工业小县、财政穷县"等特征，县域产业整体竞争力不强，农业产业化程度不高、产业特色不鲜明，工业科技水平相对较低、企业总体规模偏小，第三产业整体发展相对滞后，吸纳农业人口就业的能力不足。

贫困地区产业发展的基础设施落后。一方面乡村道路建设质量较差。贫困地区通达、通畅任务仍然艰巨，大多处于山大沟深困难地区，投资大、建设难度大。另一方面农村电网设备差且用电成本高。农村电力设备陈旧落后，变压器大多数已严重老化、能耗高、性能差，不利于满足产业发展用电的需求。

贫困地区发展内生动力不足。贫困地区经济普遍以小农户种养为主，组织化水平低，经营性资产薄弱、产业链条单一，发展基础较差。贫困地区普遍缺少知政策、懂市场、会经营的能人带动，村干部及广大农户发展意识薄弱、动力不足，产业发展的意愿不强。

贫困地区产业劳动力技能水平较低。贫困地区劳动力大多因家庭经济

条件差，为维持生计而提前进入就业状态。针对贫困地区劳动力的就业培训少，贫困地区职业技能培训体系尚未建立。贫困劳动力接受职业技能培训的人口规模较小。此外，贫困地区劳动力思想观念保守，应变能力差，很难适应现代科技日新月异的发展，难以支撑乡村产业发展对劳动力技能的要求。

二、产业扶贫政策

围绕贫困地区产业发展的目标和现实需求，产业扶贫政策覆盖人、业、资金、科技、防风险五个方面。

1. 产业扶贫"人"的政策

实施产业扶贫的关键在于提高贫困地区的劳动力参与地方产业发展的专业技术能力。"雨露计划"作为专项扶贫工作的重要内容，引导和支持农村贫困家庭新成长劳动力接受职业教育，是培养技能型人才、促进贫困地区经济社会发展的重要措施。通过政策扶持，农村贫困家庭子女初、高中毕业后接受中、高等职业教育的比例逐步提高，确保每个孩子学会一项有用技能，贫困家庭新成长劳动力创业就业能力得到提升且参与农村产业发展的比例提高，贫困家庭工资性收入占比显著提高，实现一人长期就业、全家稳定脱贫的目标。

2. 产业扶贫"业"的政策

产业扶贫的重点在于因地制宜发展贫困地区特色产业，带动贫困农户增收。产业发展政策注重扶贫产业的培育，尊重贫困地区产业发展规律，强调产业提升、产销对接、龙头带动、人才培养、技术服务和机制创新，做优做强扶贫特色产业，提高产业扶贫质量和效益。深入实施贫困地区特色产业提升工程，加快发展绿色高效特色种养业，推进特色林产业提质增效，挖掘农产品加工业增收潜力，大力发展休闲农业、乡村旅游、光伏产业等新业态，支持创建扶贫产业园。大力扶持贫困地区农产品产销对接。

3. 产业扶贫"资金"的政策

财政资金投入及信贷政策是贫困地区产业发展的重要支撑。加大涉农资金统筹整合力度，将整合资金优先用于保障贫困人口直接受益的产业发展资金需要，重点支持推进产业扶贫，带动贫困人口增收脱贫。充分落实金融支持新型经营主体信贷政策，发挥农业信贷担保体系作用，推广"政银担""政银保"等模式，加大对带贫成效突出的龙头企业、农民合作社、创业致富带头人的信贷支持力度，并按相关规定给予扶贫贷款贴息政策支持。创新开展产业扶贫贷款，对符合条件的贫困户做到能贷尽贷，精准用于建档立卡贫困户发展生产。支持各地建立和用好产业扶贫基金，创新投资方式，开辟绿色通道，加快投资项目落地。

4. 产业扶贫"科技"的政策

科技服务是支撑扶贫产业发展，提升竞争力与抵御风险能力的关键。强调健全产业扶贫科技服务机制，依托各类涉农院校、科研院所和推广机构技术团队，面向贫困地区产业发展开展关键技术攻关、生产技术指导、质量品质提升、市场信息研判、产业风险防范等科技服务。建立基层农技人员定向扶贫机制，提供技术培训、指导、咨询服务，提高贫困劳动力科学种养水平。建立科技特派员与贫困村结对服务关系，实现科技特派员对贫困村科技服务和创业带动全覆盖。

5. 产业扶贫"防风险"的政策

扎实做好产业扶贫风险评估、防范和应对，为促进扶贫产业健康持续发展提供坚实保障。支持贫困地区开展特色产业险种，拓宽特色产业保险种类，开展扶贫小额信贷保证保险等业务，探索发展价格保险、产值保险等新型险种。扩大贫困地区涉农保险保障范围，鼓励有条件的贫困地区对主要特色优势产业和贫困户种养产业实现农业保险全覆盖。把创业致富带头人发展的产业项目纳入保险扶贫范围，享受保险扶贫优惠政策。

三、产业扶贫政策适用对象

贫困地区大多自然资源丰富，具有特色产业发展的潜力，但受经济技术发展水平低等因素影响，特色产业发展总体水平不高，资源优势尚未有效转化为产业优势、经济优势。

产业扶贫政策就是要引导和扶持有劳动能力的个人、有贫困户参与或者入股的企业和合作社等，开发当地优势资源，发展特色产业，实现个体及地区脱贫。产业扶贫政策涉及对象最广、涵盖面最大，易地搬迁脱贫、生态保护脱贫、发展教育脱贫都需要通过发展产业实现长期稳定就业增收。产业精准扶贫着重强调了贫困户自身的土地、资本和劳动力等主要生产要素的参与，使贫困户真正参与到产业项目中来。产业扶贫的目标是激发贫困地区贫困人口和贫困乡村的内生动力，提高自我发展能力，变"输血"为"造血"，确保脱贫效果的持续性。

四、产业扶贫政策解决的核心问题

一是解决贫困地区特色产业选择和发展的问题。科学制定农村产业扶贫规划。摸清贫困户生产经营情况，分析贫困县特色资源禀赋、产业现状、市场空间、环境容量、新型经营主体带动能力以及产业覆盖面，围绕特色种养业、设施农业、特色林业、加工业、传统手工业、休闲农业、乡村旅游、光伏产业等，选择有意愿、有实力、带动能力强的新型经营主体参与贫困地区特色产业精准扶贫。积极发展特色产品产地初加工，提升加工产品副产物综合利用水平，推动精深加工发展。引导特色农产品加工业向县城、重点乡镇和产业园区集中，打造产业集群。依托自然资源、农事景观、乡土文化和特色产品，积极拓展产业多功能，大力发展休闲农业、乡村旅游和森林旅游休闲康养，推进贫困地区一二三产业融合发展，拓宽贫困户就业增收渠道，实现稳定脱贫。

二是解决贫困地区产业扶贫成效的问题。培育壮大贫困地区农民合作社、龙头企业、种养大户等新型经营主体，支持新型经营主体通过牲畜托养、吸收农民土地经营权入股等途径，带动贫困户增收，与贫困户建立稳定的带动关系。支持新型经营主体在贫困地区发展特色产业，向贫困户提供全产业链服务，提高产业增值能力和吸纳贫困劳动力就业能力。引导和鼓励返乡农民工、中高等学校毕业生、退役士兵等人员，开发农村特色资源，发展特色产业。鼓励各类新型经营主体结合易地扶贫搬迁安置区实际，加大对搬迁群众后续产业发展的扶持带动力度。将重点产业与新型经营主体、贫困户对接，并根据各方意愿，确定特色产业发展规模和利益联结机制，实现产业对人、人对产业。推广订单产业帮扶模式，鼓励新型经营主体和有产业发展能力的贫困对象共同开发特色产业，依法签订利益共享、风险共担的合作协议，实现贫困地区产业稳定发展、持续增效、惠及农户。

三是解决贫困地区产业发展支撑保障的问题。第一，各级各类涉农专项资金加大对贫困地区产业扶贫的投入力度，确保帮扶资金瞄准贫困户，重点支持特色产业发展。大力发展扶贫小额信贷，为建档立卡贫困户提供"五万元以下、三年以内、免担保免抵押、合理利率放贷、扶贫资金贴息、县建风险补偿金"的小额信贷。引导地方法人金融机构将扶贫再贷款重点用于支持贫困地区发展特色产业和贫困人口就业创业，扩大贫困地区涉农信贷投放，降低涉农贷款利率水平。鼓励金融机构创新符合贫困地区特色产业发展特点的金融产品和服务方式，鼓励企业、社会力量参与贫困地区特色产业发展。第二，改善贫困地区流通基础设施，推动农产品批发市场和产地集配升级改造。大力发展电子商务，建立大型连锁企业与农民合作社对接，建立农产品网上销售、流通追溯和运输配送体系。第三，支持各级技术研发推广机构和技术人员，以特色产业基地为依托，加强建档立卡贫困户技能培训和市场信息服务。引导支持用人企业在贫困地区建立劳务培训基地，开展好订单、定向培训。

四是解决贫困地区产业发展风险防范的问题。把贫困地区产业发展的风险评估作为加强产业扶贫风险防范的切入点，从技术援助、市场服务、保险减损、金融风险化解等方面，研究制定防范和处置风险的措施。将参与产业扶贫工作的龙头企业、农民合作社等带贫新型经营主体作为主要评估对象，聚焦生产、经营、带贫能力和政策措施落实情况等重点领域，系统评估产业发展面临的主要风险，为制定风险防范应对措施提供基础依据。根据贫困地区特色产业发展需要，积极发展特色产品保险，探索开展价格保险试点。鼓励保险机构在贫困地区开展特色产品保险和扶贫小额贷款保证保险，极大程度降低贫困地区产业发展的风险。

◎ 第二章　如何因地制宜发展贫困地区特色产业

一、科学编制产业发展规划

首先要科学确定特色产业。科学分析贫困县资源禀赋、产业现状、市场空间、环境容量、新型主体带动能力和产业覆盖面,选准适合自身发展的特色产业。其次要促进一二三产业融合发展。积极发展特色产品加工,拓展产业多种功能,大力发展休闲农业、乡村旅游和森林旅游休闲康养,拓宽贫困户就业增收渠道。

编制产业规划的主要工作及步骤:

一是确定实施原则。坚持突出重点、区别对待的原则,瞄准贫困人口,精准识别,精准分类,精准施策,制定差别化扶贫政策,集中各类资金和资源向扶贫对象倾斜。

二是确定目标任务。明确通过产业发展获得稳定收入的目标,组织帮扶联系人、村"两委"干部入户与贫困户制定增收计划,积极动员有劳动能力的家庭和部分丧失劳动能力、生活自理能力的家庭通过发展产业或通过土地流转等其他资产性收益扶贫模式获得稳定收入。

三是提升特色产业覆盖面。围绕重点发展的特色产业,如桑蚕、鸡、火龙果、油茶、猪等,通过实施产业扶持政策,鼓励贫困户积极发展产业,确保特色产业覆盖率达到一定标准。

四是发挥新型经营主体带动作用。全县所有贫困村均有新型农业经营主体或产业基地（园），且带动全村一定比例的贫困户，并使其获得产业收入。

五是组织开展产销对接。按照要求制订特色产业产销对接计划和措施，组织贫困村举办或参加农产品展销会、博览会、对接会等产销对接活动，有效解决农产品滞销或扶贫产品难卖的问题。

案例 2-1：

三都水族自治县乡村特色产业发展规划①

"十四五"时期，贵州省黔南布依族苗族自治州三都水族自治县按适地适栽原则，发展中药材、食用菌、观光休闲农业等产业，进一步深化特色产业发展规划，以实现全面经济提升和可持续发展。

1. 中药材产业

（1）发展目标

采用现代生物育种技术，建设南板蓝根、钩藤种苗繁育基地。大力推进中药材加工包装上市，探索三都"水药"商标注册及"南板蓝根区域性良种繁育基地"等创建，不断提升三都中药材的品牌价值和知名度。到 2025 年，中药材规范种植及良种繁育基地建设规模达 6 万亩②；种植种类以钩藤、南板蓝根、白及、黄精、蕺菜（鱼腥草）、茯苓等为主，年产值 1.2 亿元以上。

（2）产业布局

引进优强龙头企业，培育壮大现有经营主体，重点在周覃镇、九阡镇、中和镇、都江镇推进南板蓝根、钩藤规模化、标准化发展，重点支持以钩藤、南板蓝根等为原料的中药产业链，推动中药材种植基地建

---

① 案例来源：三都水族自治县人民政府：《三都水族自治县人民政府关于印发三都水族自治县"十四五"乡村产业发展规划（修订版）的通知》，2024-01-12，https://www.sandu.gov.cn/zwgk/zfgb/2023n_5963306/2023nd1q/xrmzfwj_5936000/202404/t20240409_84164650.html。

② 亩为非法定计量单位，1 亩＝1/15 公顷。

设，依托国储林项目，重点在九阡镇、都江镇发展黄精、草珊瑚、茯苓等品种，合理开发利用林下资源，实现生态保护和经济发展。

（3）发展措施

一是建立优质中药材林下种植示范基地。发挥三都水族自治县林业资源优势，利用国有林、果树林等林下空地，鼓励农民发展林下经济。可以在林间空地上种植耐阴的南板蓝根、黄精、草珊瑚、茯苓等产品。推进中药材种子种苗标准化基地建设，开展道地药材的良种培育和新品试种等工作，积极寻求具有市场潜力的药材品种。

二是发展"绿色中药材"生产。根据不同药材品种，积极引入测土配方、土壤改良、病虫害绿色防控、互补轮作等科学方式，提高土地产出率。加快滴灌、喷灌等节水设施建设，提高用水效益。加大中药材农业机械的运用和专业性研发。

三是积极发展药材饮片生产和品牌培育。进一步研究种植管理技术，提升亩产效率和药材质量，增加药农收入，打响区域道地药材品牌。吸引和鼓励企业进行中药饮片加工，打造中药饮片产业，着力打造1～2个中药饮片的"精品"，培育1～2家中药饮片加工的品牌企业。

2. 食用菌产业

（1）发展目标

以三都水族自治县列入全省35个食用菌产业重点县为抓手，结合市场需求，重点推进香菇、黑木耳、海鲜菇、羊肚菌、蛹虫草品种向规模化、工厂化发展，加大投入力度，大力实施菌种、菌林、市场主体培育、人才保障、绿色发展工程。到2025年，力争全县食用菌种植规模突破1亿棒，实现年产量4.5万吨，产值4亿元。探索无菌材栽培技术，建成1 000万棒以上工厂化、规模化基地1个以上。

（2）产业布局

逐步形成九阡镇海鲜菇，周覃镇、都江镇香菇，周覃镇、中和镇羊肚菌、黑木耳的食用菌产业布局。以大河食品加工产业园区为中心，集基地、加工、餐饮、观光体验为一体，打造食用菌小镇，辐射带动中和镇、九阡镇集中连片发展食用菌，形成多品种、多模式、多元化管理的产、供、销及加工一条龙产业链。

（3）发展措施

一是规划建设食用菌示范基地。以食用菌专业合作社、食用菌生产企业等为龙头，推动设施食用菌、珍稀品种栽培和精深加工发展。重点扶持周年生产菇房的温控设施大棚和工厂化生产设施建设，推广标准化生产，建设农产品质量可追溯体系，打造集科技推广、示范引导、技术培训为一体的食用菌示范基地。

二是提升食用菌产业化水平。扶持发展设施食用菌，积极争取省、市设施食用菌项目，推动食用菌生产大户发展壮大，加快食用菌现代产业园区建设，抓好食用菌专业合作社和企业的扩容提升，鼓励专业大户投资建设设施食用菌温控菇棚。加强食用菌产业的技能培训和人才队伍建设。

3. 观光休闲农业

（1）发展目标

以独特的水族文化民俗旅游资源为基础，以良好的生态环境为依托，开发一批集农业、生态、民族文化、旅游观光为一体的综合项目和农旅结合观光线。结合旅游规划，打造"远古水族·灵绣三都"为品牌的重点节点旅游城市。建立两带两园，即北部农旅观光旅游带和南部农旅观光旅游带，健康养生园和茶生态文化园。打通往南承接世界自然遗产地荔波、穿越水族腹地的南线旅游，往东承接黔东南的民族风情东线旅游两大黄金旅游精品线路。建设10～20家集度假、餐饮、观赏、体验、娱乐为一体，融现代农业、娱乐休闲、文化教育和农事体验于一身的休闲农业庄园。

（2）产业布局

三都水族自治县充分结合自然资源、区位交通、旅游资源、民族文化等优势，以大河粤港澳大湾区、都江茶林经济区和从北到南G321、G243沿线为重点，围绕周覃威农坝区、普安水晶葡萄长廊，着力打造集生态游、乡村游、观光游、休闲游、农业体验游等于一体的农旅融合产业，促进接二连三，形成由北到南沿线桃、葡萄、九阡李等精品水果春赏花摄影、秋观光摘果的农旅观光带；以都江古茶树资源和九阡镇的"水药园"种植及加工基地为重点建设健康养生园和茶生态文化园。挖掘少数民族传统村落，苗族蜡染、芦笙，端节赛马，水族马尾绣、剪纸，九阡酒等民间手工艺，探索苗族、水族、布依族等民族文化，开发集农事体验、休闲、度假、美食、购物为一体的休闲旅游，发展乡村客栈、特色民宿、咖吧氧吧等新业态，建设一批产品特优、功能多样、文化丰富、生态良好的农耕文化庄园，以重要交通线路为重点升级打造一批美丽休闲乡村和休闲旅游精品线路。

（3）发展措施

一是创新发展乡村休闲农业。未来五年全县在休闲农业方面的打造也要与时俱进，要依托丰富的山水资源和底蕴深厚的农业文化，有计划地建设一批集度假、餐饮、观赏、参与、体验、娱乐为一体，融现代农业、娱乐休闲、文化教育和农事体验于一身的休闲观光农业景区。

二是支持基于产业特色的项目开发。鼓励以特色农业集中区、农业综合科技示范基地、大中型果茶基地和园区、水产养殖基地和特种水产养殖、丘陵山地生态农业综合开发、生态农庄、休闲农庄、农家乐等为依托，结合山水风光、农村景观、民俗文化和美丽乡村建设，因地制宜开发多样化、多功能休闲农业项目，优先支持企业、园区、基地基于产业基础的衍生服务开发。

三是支持民族特色产业融合发展。充分发挥马产业文化、体育、娱乐的功能价值，构建紧密衔接、互利共赢、联动发展的新格局。一要大力开发马文化产品。持续加大对马尾绣扶持外，挖掘马文化资源，讲好马故事，注重开发与马有关的其他文创产品，丰富旅游产品内容。二要开发马肉系列餐饮。鼓励餐饮协会根据三都水族自治县制作马肉与其他县市的不同，研究并推广具有县域特色的马肉食谱，将其发展成为新的消费增长点，促进养马数量的增长。

四是将马休闲骑乘引入景区。在咕噜景区、高硐村、雪花湖等景区将骑乘项目与当地活动相融合，将骑马体验、马车代步等加入到景区的项目中来，为旅游业带来新的增长点。将水族文化演出与旅游融合，带动马业发展，恢复"远古走来的贵族"演出，展现水族马的风采。

五是重点支持配套和组合发展。利用引进马产业发展契机，加快全县马匹改良。为促进三都水族自治县休闲观光农业合理、有序和可持续发展，重点支持相关节点、配套和组合发展项目，加快形成区域和线路特色，促进产业联动，形成特色农业观光旅游带，推动"产业＋旅游"融合发展。

二、建立益贫机制

首先要发挥新型经营主体带动作用。支持新型经营主体在贫困地区发展特色产业，与贫困户建立稳定带动关系，向贫困户提供全产业链服务，提高产业增值能力和吸纳贫困劳动力就业能力。新型经营主体主要包括龙头企业、农民合作社和家庭农场等。如何发挥新型经营主体的作用？一要加强招商引资，引进具有影响力、社会责任感的农业产业化龙头企业；二要在当地培养带动能力强的龙头企业和合作社，引导已有的产业化龙头企业和合作社转变观念和经营作风，探索带动农民、实现与农民利益共享共赢的新机制；三要鼓励企业下乡和企业家回乡，使更多的企业和企业家投入家乡脱贫和发展，为乡村振兴和城乡融合发展做贡献。

其次要完善利益联结机制。鼓励开展股份合作，农村承包土地经营权、农民住房财产权等可以折价入股，集体经济组织成员享受集体收益分配权；有关财政资金在不改变用途的情况下，投入设施农业、养殖、光伏、水电、乡村旅游等项目形成的资产，具备条件的可折股量化给贫困村和贫困户。利益联结机制主要有：①农户土地租金收益模式。农户将土地流转给企业，享受流转租金收益。②农民就近劳务收益模式。农民在离家较近的企业打工，获取工资收益。③农户入股分红收益模式。农户以自家土地或农作物入股，由企业统一接受订单，生产定制化、特色化的产品，农民获得分红。④农业订单保底收益模式。企业与农户提前签订收购合同，农民按照公司要求，统一标准、统一技术、统一管理、统一收购、统一销售，销售价格高于市场均价。⑤农业社会化服务收益模式。围绕特色产业生产的各个环节，组建专业化服务队，增加农民的务工收入。⑥共享农业合作收益模式。增强农业生产的观赏性、参与性和互动性，让消费者吃得更放心、让农民获得高收益。

案例2-2：

鹤壁市鹤山区强化产业扶贫利益联结机制加快扶贫产业发展①

1. 基本情况

河南省鹤壁市鹤山区人民政府坚持绿色发展理念，坚持以市场为导向，坚持以资源为基础，按照"村有特色产业、乡有主导产业"的要求，因地制宜，结合鹤山特色，重点发展乡村旅游、九头艾草、特色种植、特色加工、光伏扶贫等五大产业，同时注重各产业间相互融合、相互促进，不断提升产业发展水平，壮大规模，通过多种扶持模式和利益联结联动机制，带动贫困群众脱贫，努力实现富裕、生态、文明、和谐美丽新鹤山的建设目标。

2. 模式做法

（1）创新带贫模式

遵循市场规律，注重带动贫困户的数量和效果，在实践中总结一批因地制宜的成功范例加以推广，增强产业精准扶贫的实效性。

一是政策驱动模式：即"政策奖补＋特色种养业＋贫困户"，对贫困户发展特色种养实行资金奖补和技术服务，通过奖补扶持政策与产业培育发展对接，让贫困户在产业发展中受益。

二是主体带动模式：即"龙头企业＋合作社＋贫困户"，引进龙头企业，利用企业的市场和技术优势发展产业，龙头企业通过与合作社、

---

① 案例来源：鹤壁市鹤山区人民政府：《鹤山区强化产业扶贫利益联结机制加快扶贫产业发展实施方案》，2018－08－26，http://www.hbhsq.gov.cn/zfxxgk/fdzdgknr/zdlyxx/shgysyjs/xczx/zcwjgg/art/2022/art _ 7a4bd1aa0281474da44566820f9b787b. html。

贫困户签订产销订单、代种代养、劳务承包等方式建立合作关系，带动贫困户增收脱贫。

三是资产收益模式：即"资金入股＋保底分红＋贫困户"或"能人大户＋土地流转或房屋流转＋贫困户"。贫困户自愿以土地经营权、房屋使用权或扶贫资金、小额贷款入股，由能人大户统一经营、统一承担风险，贫困户获得入股分红。财政投入到村集体的经营性资产，也可折股量化到贫困户，贫困户获得收益分红。

四是产业基地模式：即"产业就业扶贫基地（车间）＋贫困户"，通过建立产业就业扶贫基地或扶贫车间以及因地制宜结合实际的就业点等，带动贫困劳动力就近就业，获得务工收入。

五是农旅融合模式：通过景区景点开发，带动贫困户发展农家乐、采摘园、民宿、农事体验、农副产品销售等乡村旅游配套服务，融入旅游产业链，实现脱贫致富。

（2）完善利益联结机制

根据贫困户自身条件和脱贫需求，因户合理选择相应的联结纽带，按照互利共赢的原则，确定贫困户与新型农业经营主体、村集体经济同步增收的利益分配方式。

一是股份联结。鼓励贫困户以土地等资源经营权、自有设施设备、财政扶贫到户资金、产业扶贫奖补资金、扶贫小额信贷资金以及折股量化到户的集体资源资产资金或财政支农资金等入股新型农业经营主体，实行"保底收益＋按股分红"的分配方式。

二是订单联结。对于有产品销售需求的贫困户，鼓励新型农业经营主体优先与其签订长期农产品购销合同，形成稳定的购销关系，实行

"市场价十一定比例上浮"等保护价收购；鼓励效益好的新型农业经营主体以返利的方式让贫困户分享加工、销售环节的收益。

三是劳务联结。对于有相应能力的贫困人口，鼓励新型农业经营主体优先吸纳长期就业或季节性务工，合理确定工资水平，保障贫困户工资收入；鼓励产业扶贫基地或新型农业经营主体，根据经营管理需要，划出部分生产设施设备分包给贫困户管理，实行"保底工资十超产分成"的分配方式。

四是租赁联结。对于村集体和贫困户拥有的闲置或低效利用的土地等资源，鼓励新型农业经营主体优先流转或租赁，确保村集体、贫困户获得稳定的租金收入。

3. 建设成效

五大特色产业，包括乡村旅游、九头艾草、特色种植、特色加工、光伏扶贫等，得到了快速发展，产业规模不断扩大，产业链条不断延伸。贫困户通过参与各种利益联结模式，实现了多渠道增收，户均年增收达到了预期目标，许多贫困户成功脱贫。产业基地和扶贫车间的建设，为贫困劳动力提供了大量就近就业的机会，带动了贫困人口的就业。村集体通过资产收益、土地流转等方式，增加了收入，为村级基础设施建设和公共服务提供了资金支持。农旅融合模式的推进，促进了乡村旅游的发展，带动了贫困户参与旅游配套服务，增加了收入来源。总之，鹤山区通过建立利益联结机制，有效地推动了扶贫产业的发展，实现了贫困群众的增收脱贫，为乡村振兴奠定了坚实基础。

三、保障要素支持

一是增强产业支撑保障能力。健全科技和人才支撑服务体系，鼓励各级技术研发推广机构和技术人员以产业基地为依托，加快有关科研成果转化应用，加强地方特色农畜产品品种保护利用，推进信息进村入户。加强贫困地区高素质农民培育和农村实用人才带头人培养。健全市场支撑体系。改善流通基础设施，大力发展电子商务，建立农产品网上销售、流通追溯和运输配送体系，积极培育产品品牌，提高产品品质。

二是加大产业扶贫投入力度。加大各级各类涉农专项资金向贫困地区特色产业的倾斜力度。扶贫部门应会同农业、林业等部门加强对使用财政专项扶贫资金发展种养业的指导。财政专项扶贫资金应进一步加大对产业精准扶贫的支持力度。

三是创新金融扶持机制。金融支持是农村产业发展的重要保障。鼓励金融机构创新符合贫困地区特色产业发展特点的金融产品和服务方式，鼓励地方积极创新金融扶贫模式。要加大对农村金融服务的投入，设立专门的扶贫金融机构，提供低息贷款和风险保障，解决贫困户资金周转问题，推动产业扶贫的可持续发展。

四是加大保险支持力度。积极发展特色产品保险，探索开展价格保险试点，鼓励保险机构在贫困地区开展特色产品保险和扶贫小额贷款保证保险。开发防贫保险，防止因病、因意外、因财产损失、因生产经营不善造成的返贫风险，筑牢贫困户收入保障网；发展"农业保险＋"，通过保单质押贷款、"订单农业＋保险＋期货"、"银行＋保险＋期货"等多种模式，链接其他金融资源，助力产业发展。

案例 2-3：

四跟四走　四带四推——湖南省产业扶贫的创新之路①

1. 基本情况

党的十八大以来，湖南省作为"精准扶贫"首倡之地的"三湘大地"，探索出了"四跟四走"（即"资金跟着穷人走，穷人跟着能人走，能人跟着产业项目走，产业项目跟着市场走"）和"四带四推"（即以优势产业带动扶贫产业，推进产业精准培育；以新型主体带动贫困群体，推进利益紧密联结；以市场机制带动发展机制，推进产业持续发展；以组织作为带动农户有为，推进措施落地见效）的产业扶贫模式，拔"穷根"、栽"智根"，精准扶贫取得显著成效。

2. 模式做法

（1）明确产业扶贫思路

为找准产业扶贫路子，湖南省在认真总结试点经验的基础上，依据市场经济规律，对接现代农业发展要求，瞄准扶贫对象，确定了"四跟四走""四带四推"产业精准扶贫新思路。

在精准识别贫困人口和充分发挥致富能手"领头羊"作用的基础上，以扶贫开发项目和优势产业为核心抓手，健全到户到人的精准扶持机制，将贫困地区扶贫产业融入全省七大千亿级优势特色农业发展之中，将扶贫项目开发与乡村本土资源有机结合，把所有贫困户深度嵌入贫困县特色产业示范园、优质农产品供应基地、农业产业化龙头企业、就业扶贫车间、贫困地区农民合作社等各种产业脱贫组织中。在激活致富带头人带动作用的前提下，大力发展农业项目和优势产业，积极发展

① 案例来源：周维富：《四跟四走 四带四推——湖南省产业精准扶贫的创新之路》，2019-12-06，http：//gjs.cssn.cn/ztzl/ztzl_views/201912/t20191209_5055784.shtml。

旅游扶贫、消费扶贫、生态扶贫、电商扶贫等新业态，实现了"村村有帮扶产业、户户有帮扶项目"，贫困户脱贫有支撑、收入可持续，走出了一条从扶贫切入、从产业走出的产业扶贫新路。

（2）创新产业扶贫方式

湖南省结合产业扶贫实际，改"给钱给物、打卡到户"为直接帮扶、委托帮扶和股份合作等多种帮扶新模式，引导贫困人口的生产要素合理流向扶贫产业并走向市场，增强参与扶贫产业开发主体的组织化程度，让贫困人口获取多样化的经济收益。

第一，直接帮扶。在政府的组织引导下，既有产业发展意愿又有产业发展能力的贫困户可直接参与区域特色的产业开发。政府通过到户增收资金、小额扶贫贷款贴息等方式，对其予以直接帮扶。第二，委托帮扶。受扶贫对象个人或集体委托，通过购买扶贫社会服务方式，将国家给予特定对象的扶持资金直接委托给有合作意愿、有社会责任、讲诚信和有实力的农业企业、农民专业合作社、种养大户和新型经营主体，项目收益按比例分成。第三，股份合作。将扶贫对象的政策扶持资金、土地、林地和水面等生产资料折价入股，由农业企业、农民专业合作社、家庭农场和新型经营主体统一管理和生产经营，结成联股联利的共同体，实现股份到户、利益到户。第四，园区带动。以特色园区为平台，集聚集约发展扶贫产业，共同打造区域公用品牌，提升特色产业的品牌附加值。第五，自主发展。对有劳动能力、有产业发展意愿但缺少资金、技能的贫困户，通过提供扶贫小额信贷资金和产业发展帮扶资金，开展技术培训和技术指导，帮助贫困户自主发展扶贫产业，实现持续稳定脱贫增收。第六，混合推进。将贫困户参与生产、就业与资产收益结合起来，使贫困户既有资产性收益，又能通过参与生产或就业提高自我发展能力，充分激活贫困户自身发展动能，克服"等靠要"的政策依赖性。

3. 建设成效

2012—2018 年，湖南省 6 202 个贫困村、31 个贫困县脱贫摘帽，累计减少贫困人口 684 万人，贫困发生率由 13.43％下降到 1.49％。"四跟四走"扶出"精气神"、生产力和战斗力，让贫困群众拥有了实实在在的获得感。2018 年，全省贫困地区农村居民人均可支配收入比上年增长 11％，增幅高出全省农村居民平均水平 2.1 个百分点。产业精准扶贫"湖南样本"探索出了可复制、可推广的新思路、新方式、新机制、新政策，为中国乃至世界的减贫事业贡献了"中国方案"。

◎ 第三章 如何强化农村产业扶贫政策要素保障

一、财政支持农村产业发展政策

（一）政策内涵及拟解决的问题

财政支持农村产业发展政策是指政府为了促进农村的经济发展，提高当地居民的收入水平和生活质量，通过财政资金投入、税收优惠、政策帮扶等方式，支持和推动贫困地区产业项目的建设和发展的一系列措施。这些政策旨在通过产业发展带动就业，增强贫困地区的经济活力，提高贫困户就业率、家庭收入，从而实现脱贫。

服务对象主要包括：①贫困地区的经营主体，特别是小微企业、农业合作社等，是推动贫困地区产业发展的重要力量。②贫困农户，主要是从事特色种植、养殖等产业的农户。③基础设施建设相关部门，包括交通、水利、电力等行业部门。④职业教育和培训机构，为贫困地区农户提供职业技术培训，提升劳动力的技能水平。⑤市场推广和销售平台，包括电商平台、农产品批发市场等。

财政支持农村产业发展政策聚焦涉农资金统筹整合，优先用于保障贫困人口直接受益的产业发展资金需求，由贫困县因地制宜确定支持的重点产业项目和重点环节。有脱贫攻坚任务的其他县也要按规定统筹资金，重点支持推进产业扶贫，带动贫困人口增收脱贫。贫困地区立足本地资源禀赋，选准特色优势产业（含必要的产业配套基础设施），加大财政扶持力度，注重长期培育发展，促进产业提质增效，形成可持续发挥效益的主导产业。

（二）实施举措

1. 发展绿色高效特色种养业

按照绿色化、优质化、特色化、品牌化要求，精准对接贫困村、贫困户产业发展需求，大力推进绿色高质高效行动、果菜茶有机肥替代化肥、畜禽标准化养殖场建设、水产健康养殖场建设和良种繁育基地建设。大力推进带贫新型经营主体严格按标准规范生产，建立生产台账，提升特色产品质量。推进贫困地区规模生产经营主体加快应用国家追溯平台，实施追溯管理。深入实施贫困村特色产业推进行动，鼓励贫困县创建特色农产品优势区，把土特产和小品种做成带动贫困群众增收的大产业。实施中药材产业扶贫行动计划，鼓励中医药企业到贫困县、贫困村建设中药材生产基地。

2. 推进特色林产业提质增效

深入实施特色林产业扶贫行动，因地制宜发展市场需求旺盛、带贫效益较高的木本油料、特色林果、林下经济、竹藤、种苗花卉等特色林产业，加快建设特色林产品标准化生产基地，发展林下中药材、特色经济林、野生动植物繁育利用、林下种养殖等产业。大力发展森林旅游，积极培育森林旅游新业态，推介一批重点森林旅游地和特色旅游线路，为贫困群众提供更多务工就业机会，分享特色林产业收益。

3. 挖掘农产品加工业增收潜力

实施贫困地区农产品加工业提升行动，支持贫困地区新型经营主体建设一批贫困户参与度高的保鲜、贮藏、分级、包装等产地初加工设施设备，促进商品化处理，减少产后损失，增强市场调节能力。落实扶持政策，创造条件引导加工企业到贫困县、贫困村建设原料基地、加工基地，鼓励加工领军企业发展精深加工和综合利用加工，发挥品牌带动作用。支持科研院所与贫困地区农产品加工企业深度对接，共同建设试验示范基地，提升产品科技含量。推进农产品加工产能向贫困县县城、重点乡镇、易地扶贫搬迁安置区集中集聚，建设一批农产品加工园区，推动一二三产业融合发展，促进贫困地区农产品就地转化增值和贫困群众就地就近就业。

4. 大力发展休闲农业、乡村旅游等新产业新业态

支持贫困县、贫困村依托特色农产品、农事景观、人文景观等资源，结合易地扶贫搬迁、危房改造等项目，发展休闲农业、乡村旅游、康养健身、创意农业、体验农业等多元业态，拓宽贫困群众就业增收渠道。加强贫困村休闲农业和乡村旅游配套设施建设，完善乡村道路、供水、停车场、厕所、污水处理等公共服务设施，提高特色餐饮、民宿、农事体验的管理服务水平。实施贫困地区休闲农业和乡村旅游精品工程，培育休闲农业品牌，开发特色乡村旅游产品，推介一批美丽休闲乡村、重要农业文化遗产以及休闲农业和乡村旅游精品景点和线路。

5. 支持创建扶贫产业园

把扶贫产业园建设作为贫困地区产业扶贫和乡村产业兴旺的重要抓手，支持有条件的贫困县创建一二三产业融合的扶贫产业园。通过产业园联村带户，将区域内有条件的贫困村、易地扶贫搬迁安置区纳入产业园体系，建立"园区＋新型经营主体＋基地＋贫困户"的生产经营模式，发挥产业园在扶贫开发中的示范引领、要素集成、辐射带动作用。

贫困县申报国家和省级现代农业产业园，要把扶贫带贫机制作为重要条件，对符合条件的给予重点支持。按照政策集成、要素集聚、企业集中的要求，每个贫困县选择1～2个主导产业，建设农产品加工园区和农业产业园区，推动科技研发、加工物流、营销服务等主体加快向园区集中，引导资金、技术、人才等要素向园区集聚，促进特色产业全产业链发展。

　　加快推进脱贫县农业产业强镇、特色产业示范村建设，促进产村、产镇深度融合。农业产业强镇是一个地域经济发展的概念，通常指的是在一定区域内，以农业产业为主导，通过政策支持、技术创新、市场开拓等手段，实现农业产业的规模化、集约化、现代化发展，从而带动整个镇域经济的增长和社会的全面进步。建设农业产业强镇是一项系统性的工程，可以通过建立主导产业、培育全产业链、完善基础设施建设等举措推进农业产业强镇建设。

　　特色产业示范村是指在一定区域内，以一个或几个村为单位，通过发展具有地方特色的主导产品或产业，形成品牌优势和市场竞争力，从而带动当地经济发展和农民增收的一种模式。这种模式强调的是特色化、专业化和品牌化，旨在推动乡村产业振兴，促进农民就业增收，加快农业农村现代化。特色产业示范村的主导产业应为当地特色种植、特色养殖、特色食品加工、特色文化和新业态等具体的品类。

6. 建设标准化生产基地

　　按照产业布局和产业链建设要求，发展地域特色鲜明、乡土气息浓厚的特色种养业，建成一批绿色标准化基地。推进品种培优，发掘一批优异种质资源，提纯复壮一批地方特色品种，自主培育一批高产优质多抗的突破性品种，以特色赢得市场。推进品质提升，集成组装一批绿色生产技术模式，加快推广运用。推广绿色投入品，重点推广有机和微生物肥料、高效低毒低风险农药兽药渔药和生物农药等绿色投入品，规范使用饲料添加剂，推广病虫绿色防控技术和产品。净化农业产地环境，加强污染土壤治理和修复，以清洁的产地环境生产优质农产品，以品质赢得市场。推进标准化生产，按照"有标采标、无标创标、全程贯标"的要求，建立健全标准体系，加快标准应用。引导家庭农（林）场、农民合作社和农（林）业产业化龙头企业按标生产，带动大规模标准化生产。创建特色农产品优势区、农业绿色发展先行区、农产品质量安全县，培育一批林下经济和经济林示范基地。

7. 加强产业扶贫项目管理

全面梳理贫困地区实施的产业扶贫项目，由企业、合作社、贫困村创业致富带头人等带贫主体承担的产业扶贫项目列入项目库，带贫主体需按照带贫责任要求履行相关义务。要对入库项目实际带贫情况进行分类监测，对带贫效果差、资产闲置、经营亏损的产业扶贫项目要妥善整改或调整终止。及时处置挂名扶贫却未产生带贫效果的项目，坚决制止打着扶贫旗号从事与扶贫无关的活动。对带贫成效显著的带贫主体，要落实已有激励政策，具备条件的地方可进一步出台地方奖补办法，引导和鼓励更多带贫主体到贫困地区开展产业精准扶贫。

8. 建立贫困户产业发展指导员制度

从贫困村第一书记、驻村工作队成员、结对帮扶干部、村组干部、新型经营主体带头人中遴选贫困户产业发展指导员，明确其在产业扶贫政策宣讲、项目落地、产业选择、技术服务、产品销售以及风险防范等方面的职责，构建贫困户产业发展指导员与县级产业扶贫技术专家组协同配合工作机制（图 3-1）。

（三）政策实施成效

据统计，中国自 2012 年以来，中央、省、市县财政专项扶贫资金累计投入近 16 000 亿元①。如图 3-2 所示，2016 年，全国脱贫攻坚战全面展开，中央和省级财政专项扶贫资金投入首次超过 1 000 亿元。其中，中央财政安排补助地方财政扶贫资金 660.95 亿元，较上年增长 43.4%②。

---

① 朱辛未：《9 899 万人口脱贫 832 个贫困县摘帽 数说脱贫攻坚战》，2021-02-25，https：//m. news. cctv. com/2021/02/25/ARTI7ahgktPFIe8YS0OX5tHv210225. shtml。

② 人民日报：《今年中央和省级财政投入首超千亿元》，2016-12-18，https：//www.gov.cn/xinwen/2016-12/18/content_5149373. htm。

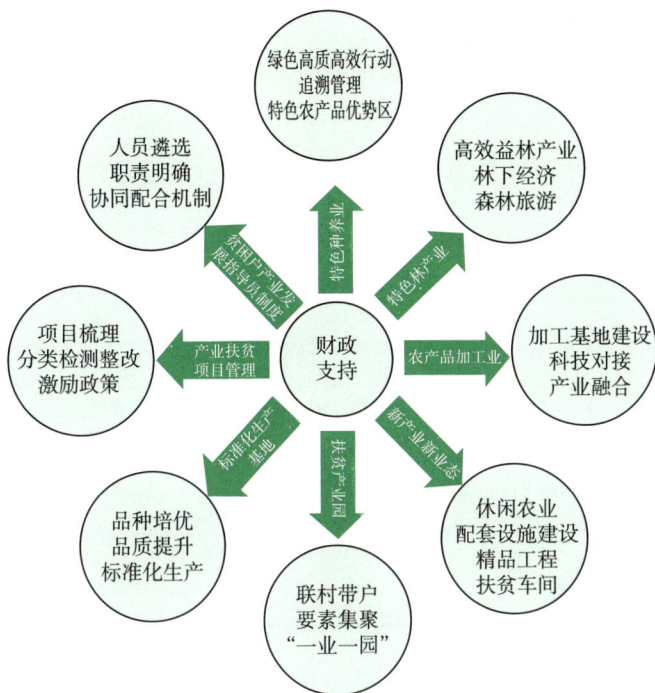

图 3-1　财政政策支持贫困地区特色产业发展框架

中央财政农业农村投入的新增资金重点用于扶贫开发，主要向中西部农村贫困地区倾斜。2017 年，中央和省级财政专项扶贫资金突破 1 400 亿元，其中中央财政资金较上年增长约 30%，省级财政专项扶贫资金比上年增长 22%①。在财政扶贫资金的支持下，贫困人口再减少 1 000 万人以上。2018 年中央财政安排补助地方专项扶贫资金 1 061 亿元，较上年增长约 23.2%，连续三年保持 200 亿元增量；2019 年中央专项扶贫资金 1 261 亿元，连续四年每年净增 200 亿元；2020 年中央财政专项扶贫资金 1 396.36 亿元②。

---

① 中华人民共和国财政部官网：《2017 年中央和地方财政专项扶贫资金规模超过 1 400 亿元》，2017-05-27，https://www.gov.cn/xinwen/2017-05/27/content_5197596.htm。

② 中华人民共和国财政部官网：https://www.mof.gov.cn/index.htm。

亿元

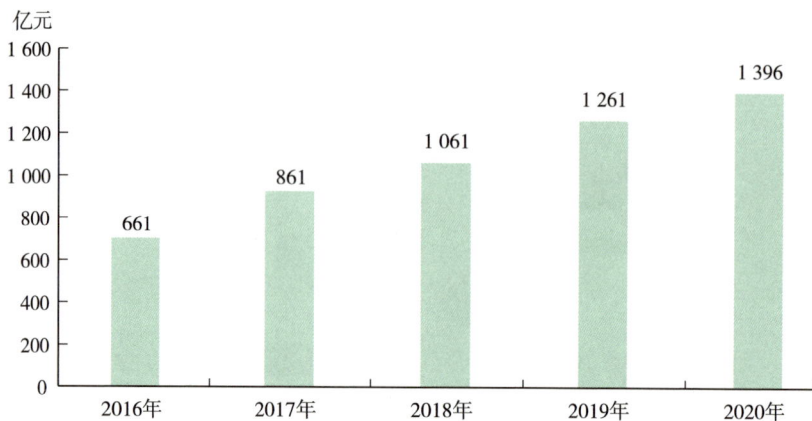

图 3-2 中央财政专项扶贫资金

资料来源：中华人民共和国财政部官网，https://www.mof.gov.cn/index.htm。

案例 3-1：

财政投资推动阜平县食用菌产业从无到有①②

1. 基本情况

阜平县位于河北省保定市西部太行深山区，是国家级贫困县。2016年以来，阜平县全面贯彻落实中央、省、市有关支持贫困县开展统筹整合涉农资金试点的实施意见，以扶贫规划为引领，不断加大统筹整合使用财政涉农资金力度。5年时间，纳入统筹整合范围内的涉农资金规模达30.85亿元。在支持产业扶贫方面，按照"企业＋园区＋农户"的带贫模式，大力发展现代食用菌、高效林果、规模养殖、光伏发电、旅游扶贫等产业，基本形成"长短结合、多点支撑、绿色循环"的扶贫产业体系。其中，食用菌产业在促进传统产业的提档升级、带动乡镇农民稳

---

① 案例来源：人民网-公益频道：《阜平县食用菌产业带动贫困农民走上致富路》，2019-03-17，http://gongyi.people.com.cn/n1/2019/0317/c424400-30979788.html。

② 案例来源：阜平县人民政府：《阜平香菇："老乡菇"圆老乡梦》，2019-04-25，https://www.bdfuping.gov.cn/news/11358.html。

定增收就业方面尤为典型。

2. 做法成效

2015 年，阜平县委、县政府立足县情实际，聘请国内知名专家和有关部门就产业定位进行了全方位深入考察。经过论证，阜平气候地理、生态环境、林木资源等条件十分适宜发展食用菌产业。阜平县充分整合各类扶贫政策，形成了"一补、一金、一兜"的食用菌产业政策保障体系。

"一补"即实行政策补贴。对企业、合作社入驻基地（园区）、农户参与率达到 80％以上且流转土地 100 亩以上的，全部配套水、电、路基础设施。对日生产菌棒 5 万棒以上、年设计生产能力在 1 500 万棒以上的菌棒加工厂，补贴生产投入的 40％。对自动化程度较高的设施暖棚每平方米补贴 20 元，对林下小拱棚每平方米补贴 1 元，对新建标准化冷库每平方米补贴 150 元。产业补贴政策的出台，提高了农民参与产业发展的积极性，增强了脱贫内生动力。

"一金"即给予金融支持。建立了"县金融服务中心＋乡镇金融工作部＋村金融工作室"三级金融服务机构，形成了覆盖全县 13 个乡镇209 个行政村的金融服务网络。县财政筹集资金 3 亿元成立惠农担保公司，对符合条件的企业、合作社和农户提供贷款支持并给予贴息。同时，开启了食用菌产业担保、贷款绿色通道，实行上门服务、限期办结。截至目前，全县已累计为 7 000 余农户发放食用菌贷款 6.2 亿元，彻底打通了产业发展的金融血脉。

"一兜"即实现保险兜底。与人保财险公司合作建立"联办共保"机制，县财政一次性注资 3 000 万元设立保险基金，实现了食用菌产业灾害险、产品质量安全险和成本损失险"三险"覆盖，有效兜住了农户生产经营的风险底线。其中，成本损失险为全国首创，获得 2015 年全国农业保险创新奖。县财政补贴农险保费已累计超过 2 500 万元，撬动资金达 5 000 万元，使全县农户获得 16 亿元的保险保障，资金杠杆效应近百倍，显著放大了扶贫资金的使用效能。此外，参加保险的农户还可以通过保单质押，向银行申请贷款。

短短 3 年时间，阜平食用菌产业完成投资 9.2 亿元，流转土地 2 万亩，建成香菇规模园区 58 个、黑木耳规模园区 40 个、棚室 4 610 栋，种植各种菌类 7 500 余万棒，总产量达到 5.5 万吨，总产值突破 4.5 亿元，覆盖全部乡镇 140 个行政村，辐射带动 4 万余户农户，户均年增收逾万元，成为脱贫致富的重要抓手。

二、小额信贷扶贫政策

（一）政策内涵及拟解决的问题

小额信贷扶贫政策是指通过向贫困地区和贫困人口提供低利率或无息的小额信贷，以帮助他们改善生活条件、增加收入和提高生产效率的政策。这项政策旨在解决贫困地区和贫困人口缺乏资金的问题，促进他们的发展和脱贫。

服务对象主要包括：①建档立卡贫困户（18～65 周岁，含已脱贫的贫困户），小额信贷扶贫的主要服务对象。国家通过建立精准扶贫机制，对贫困户进行识别、帮扶和管理，确保资金和服务精准到位。②边缘贫困户，指的是那些生活条件接近但尚未达到建档立卡标准的贫困群体。他们可能因为各种原因未能纳入建档立卡，但也面临着较高的返贫风险，因此也是小额信贷服务的潜在对象。③贫困地区的小微企业。这些企业往往规模较小，资金链脆弱，但由于它们能够创造就业机会，带动当地经济发展，是小额信贷支持的对象之一。④农村合作社和家庭农场。这些组织形式有助于整合资源，提高农业生产效率，是小额信贷政策鼓励和支持的农村经济实体。⑤返乡创业人员。越来越多的外出务工人员选择回乡创业，但是他们往往缺乏启动资金，小额信贷可以为他们提供必要的金融支持。⑥妇女和青年创业者。国家特别重视妇女和青年的创业活动，认为他们是推动社会发展的重要力量。小额信贷政策针对这一群体提供专门的扶持。

（二）实施原则与工作目标

1. 实施原则

一是坚持精准扶贫，坚持依法合规。扶贫部门要加强对扶贫小额信贷和贴息对象的审查，在县乡村三级公告公示，防止非建档立卡贫困户"搭便车"。要将信用水平和还款能力作为发放小额信贷的主要参考标准，发放过程要符合法律法规和信贷管理规定，坚持户借户还，切实防范冒名借款、违规用款等问题。

二是坚持发展生产，推动长期受益。各银行业金融机构要将小额信贷精准用于贫困户发展生产或能有效带动贫困户致富脱贫的特色优势产业，不能用于建房、理财、购置家庭用品等非生产性支出，更不能将扶贫小额信贷打包用于政府融资平台、房地产开发、基础设施建设等。各银行业金融机构在探索将扶贫小额信贷资金用于有效带动贫困户致富脱贫的特色优势产业过程中，必须坚持贫困户自愿和贫困户参与两项基本原则，使贫困户融入产业发展并长期受益，提高贫困户脱贫内生发展动力。

三是完善补偿机制，加强风险管理。各地财政和扶贫部门要积极推动建立和完善风险补偿和分担机制。风险补偿金要按规定及时拨付到位，专款专用、封闭运行。科学合理确定风险补偿金放大贷款倍数，明确政府与银行业金融机构风险分担比例，不得将风险补偿金混同为担保金使用。鼓励开展农业保险保单质押贷款等银保合作模式试点。

2. 工作目标

扶贫小额信贷政策目标是面向贫困地区拟发展产业的个体或企业提供"5万元以下、3年期以内、免担保免抵押、基准利率放贷、财政贴息、县建风险补偿金"的贷款。各银行业金融机构加大对信用良好、有贷款意愿、有就业创业潜质和技能素质、有一定还款能力的个体或企业的支持力度。对已经脱贫的建档立卡贫困户，在脱贫攻坚期内保持扶贫小额信贷支持政策不变，力度不减。银行机构可向贫困户多次发放扶贫小额信贷。

（三）实施举措

1. 申请与评估阶段

对符合贷款条件且有贷款意愿的建档立卡贫困户，要落实分片包干责任，坚持以乡镇为单位不断完善扶贫小额信贷主责任银行机制，实行名单制管理，确保能贷尽贷。充分发挥村"两委"、驻村帮扶工作队等基层力量作用，在相关部门的指导支持下，配合银行机构做好扶贫小额信贷政策宣传、贫困户信用评级、贷款申请评估、贷款使用监测指导、逾期贷款清收、产业选择、技术指导、产品销售等工作。对符合扶贫小额信贷及续贷、展期条件的，银行机构要确保应贷尽贷、应续尽续、应展尽展；符合追加贷款条件的，可予以追加贷款支持，但单户扶贫小额信贷总额不得超过5万元。

2. 合作发展与产业带动阶段

在贫困户自愿和参与生产经营的前提下，可采取合作发展方式，将扶贫小额信贷资金用于有效带动贫困户脱贫致富的特色优势产业，并按要求规范贷款管理，使贫困户融入产业发展并长期受益。鼓励有大额信贷资金需求、符合贷款条件的建档立卡贫困户，特别是已脱贫户，申请创业担保贷款、农户贷款等。引导银行机构通过大数据、云计算等金融科技手段，探索开发既能满足建档立卡贫困户多元化信贷需求、又能实现商业可持续的信贷产品。

3. 续贷与展期阶段

对于贷款到期仍有用款需求的贫困户，经办银行提前介入贷款调查和评审。脱贫攻坚期内，在贷款户符合申请扶贫小额信贷条件、具有一定还款能力、还款意愿良好、确有资金需求、风险可控的前提下，无须偿还本金办理续贷。续贷期限由经办银行根据贷款项目、还款能力等情况综合决定，原则上不超过 3 年且只能办理 1 次续贷，办理续贷的贷款继续执行扶贫小额信贷政策。

4. 边缘人口支持与风险控制

将返贫监测对象中具备产业发展条件和有劳动能力的边缘人口纳入扶贫小额信贷支持范围，贷款申请条件、程序及支持政策等与建档立卡贫困户一致，防止产生新的贫困人口。扶贫部门负责认定并主动提供边缘人口名单，银行机构及时、精准、规范地向边缘人口发放扶贫小额信贷。人民银行分支机构予以扶贫再贷款支持。财政部门和扶贫部门要共同落实好财政贴息。已设立风险补偿金的地区按照规范程序落实好风险补偿政策。

5. 监测与风险控制

坚持扶贫小额信贷户借、户用、户还，精准用于贫困户及边缘人口个人发展生产，不能用于结婚、建房、理财、购置家庭用品等非生产性支出，更不能集中用于政府融资平台、生产经营企业等。要加强扶贫小额信贷监测分析，及时掌握贷款集中到期、贷款逾期等情况，对集中还款压力较大地区、存量"户贷企用"等未直接用于贫困户发展生产的扶贫小额信贷余额较大地区、不良贷款率较高及关注类贷款占比较大地区等要重点关注，加强分析研判。要积极争取地方党委、政府支持，持续完善扶贫小额信贷风险补偿机制，明确风险补偿启动条件及流程，鼓励引入保险、担保机构分担风险。

6. 贷款使用监督

对符合申请扶贫小额信贷条件、却因非主观因素不能偿还到期贷款的贫困户，经办银行可为其办理贷款展期。1 年期以内的短期贷款展期期限不超过原贷款期限，1 年期到 3 年期的中期贷款展期期限不超过原贷款期限的一半。原则上只能办理 1 次展期，办理展期的贷款继续执行扶贫小额信贷政策（图 3-3）。

图 3-3　扶贫小额信贷政策工作实施框架

（四）政策实施成效

截至 2020 年 9 月，金融精准扶贫贷款发放 9.2 万亿元，扶贫再贷款累计发放 6 688 亿元，累计支持建档立卡贫困户 1 067.81 万户次，支持贫困户 1 500 多万户，超过全国建档立卡贫困户的三分之一①。在投入力度上，平均每年投入超过 1 000 多亿元，63.1% 的建档立卡贫困户使用了扶

---

① 人民网-扶贫频道：《满足贫困群众生产发展需求 四部门完善扶贫小额信贷政策》，2020-07-07，http://rmfp.people.com.cn/n1/2020/0707/c406725-31773364.html。

贫小额信贷①。小额信贷成为支持扶贫产业发展、贫困户脱贫增收的关键举措，在帮助贫困群众发展生产脱贫致富、增强贫困户内生动力、促进贫困地区金融市场发展、改善农村社会治理等方面取得显著成效。

在还款情况和贷款风险方面，累计还款 5 000 多亿元，贷款余额为 1 747.3 亿元，逾期金额 10.1 亿元，逾期率仅为 0.58%，不良贷款率只有 0.41%，低于一般商业贷款的逾期水平和不良贷款率，全国 400 多亿风险补偿金仅用了 3.95 亿②。扶贫小额信贷覆盖率高，逾期率低。重点领域金融服务可得性持续提升。小微企业、"三农"、低收入人群等重点领域信贷投放力度持续加大，全国普惠型小微企业贷款、普惠型涉农贷款近 5 年年均增速分别为 25%、16%，累计发放脱贫人口小额信贷 9 700 多亿元，支持脱贫群众和防止返贫监测对象 2 400 多万户。扶贫小额信贷的实践证明，贫困户贷款难、贷款贵等问题不仅可以有效解决，贫困户还可以成为金融机构的优质客户。

案例 3-2：

安徽省潜山市黄柏镇"农户贷款、带资入股、就业分红"扶贫模式③④

1. 基本情况

安徽省潜山市黄柏镇地处大别山深山腹地，是一个典型的纯山区偏远乡镇。由于地理条件恶劣，交通不便，长期以来，该地区的经济发展一直受到限制，尤其是贫困群众脱贫致富面临诸多困难。其中，最大的

---

①② 中国农业科学院农业经济与发展研究所课题组：《扶贫小额信贷：金融精准扶贫的成功实践》，2021-04-23，http：//www.banyuetan.org/fpdxal/detail/20210423/1000200033138961619162253983380567_1.html。

③ 案例来源：潜山新闻网，《金融扶贫结出"金果子"》，2020-07-13，https：//mp.weixin.qq.com/s/5SMcfgcwd7rkxsd_6Hbqtg。

④ 案例来源：程晓姣，《黄柏镇：小菌菇撑开乡村振兴"富民伞"》，2021-11-03，https：//www.qss.gov.cn/zwzx/xzxw/2016039371.html。

难题之一就是缺乏资金支持和贷款难的问题，这成为阻碍当地贫困户发展产业、增加收入的"拦路虎"。2015年，面对这一问题，黄柏镇积极响应国家扶贫政策，率先开展了扶贫小额信贷试点工作。通过对全镇1060户贫困户逐户摸底，为每户提供最高5万元的扶贫小额信贷，累计发放户贷自用贷款540万元，对472户有发展需求和发展能力的贫困户进行了精准帮扶。

2. 做法成效

在扶贫小额信贷的基础上，黄柏镇探索出了一种创新的脱贫模式——"农户贷款、带资入股、就业分红"。这一模式的核心是与当地企业合作，将贫困户的资金用于入股企业，以此来推动当地产业的发展，同时也为贫困户提供就业和收入增加的机会。

2015年，黄柏镇作为扶贫小额信贷工作试点乡镇，对有发展意愿、有发展潜质、有资金需求、有还款来源的贫困户提供不超过5万元的小额信用贷款。当部分贫困户正在为发展什么产业而踌躇不定时，安徽省一品鲜菇业有限公司的一项帮扶计划为农户明确了发展方向。具体来说，黄柏镇与安徽省一品鲜菇业有限公司达成合作协议。根据协议，农户可以使用通过扶贫小额信贷获得的资金，以入股的形式参与到该公司的生产经营中。公司以低于市场的价格为农户提供菌棒，免费提供种植大棚，无偿进行技术指导，并负责产品的收购与销售。经测算，农户把通过小额信用贷款获得的5万元入股安徽省一品鲜菇业有限公司，公司以每棒4.6元的价格为农户提供1.5万棒食用菌菌棒（公司为每户多提供1.9万元的菌棒），根据当时市场行情，每棒菌棒年收益为1.5元，贫困户年收入可达2.25万元。安徽省一品鲜菇业有限公司通过"农户贷款、带资入股、就业分红"的模式，不仅帮助了贫困户脱贫致富，改善了公司产品供不应求的现状，还推动了黄柏山区农业特色产业发展。

三、"雨露计划"

"雨露计划"是中国政府为贫困地区青壮年劳动力提供的一项职业技能提升计划，旨在通过教育培训和就业帮扶，提高他们的就业能力和收入水平，从而帮助贫困家庭脱贫。产业扶贫是通过发展产业，带动贫困地区经济增长和贫困人口就业，实现脱贫致富的一种方式。"雨露计划"通过提升劳动力的技能和就业能力，为产业扶贫提供了人才支持和人力资源。当贫困地区的劳动力通过"雨露计划"获得更好的就业机会和收入时，他们能够参与到当地的产业发展中，进而推动整个地区的经济发展。同时，产业扶贫的发展也为"雨露计划"的毕业生提供了更多的就业机会和创业平台。

（一）政策内涵及拟解决的问题

"雨露计划"是指为进一步提高贫困人口素质，增加贫困人口收入，加快扶贫开发和贫困地区社会主义新农村建设、构建和谐社会的步伐，国务院扶贫办决定在贫困地区实施的帮扶计划。

"雨露计划"的服务对象主要有三类：①扶贫工作建档立卡的青壮年农民（16～45岁）；②贫困户中的复员退伍士兵（含技术军士）；③扶贫开发工作重点村的村干部和能帮助带动贫困户脱贫的致富骨干（含技术军士）。

"雨露计划"政策覆盖子女接受中等职业教育（含普通中专、成人中专、职业高中、技工院校）、高等职业教育的农村建档立卡贫困家庭。符合条件的贫困学生无论在何地就读，其家庭均可在户籍所在地申请扶贫助学补助。补助资金通过一卡通直接补给贫困家庭。

（二）实施原则与工作目标

1. 实施原则

一是精准扶贫、直补到户。"雨露计划"扶持政策与建档立卡工作紧密衔接，瞄准扶贫对象，支持农村贫困家庭子女接受职业教育，资金直补到户。

二是就业导向、群众自愿。发挥市场在资源配置中的决定性作用，以就业前景和职业发展为导向，引导贫困家庭新成长劳动力自主选择就学地点、学校和专业。

三是政府推动、社会参与。政府发挥引导作用，制定扶持政策，加强管理和指导，提供信息服务。动员社会力量参与，促进社会扶贫和教育扶贫相结合，合理推动农村贫困家庭新成长劳动力职业教育工作。

2. 工作目标

通过政策扶持，农村贫困家庭子女初、高中毕业后接受中、高等职业教育的比例逐步提高，确保每个孩子学会一项有用技能，贫困家庭新成长劳动力创业就业能力得到提升，家庭工资性收入占比显著提高，实现一人长期就业、全家稳定脱贫的目标。

（三）实施举措

各地扶贫部门加强与教育、人力资源和社会保障等部门的沟通协调，排查摸底建档立卡贫困家庭子女接受教育培训情况，落实"雨露计划"扶贫助学补助，引导初、高中毕业的孩子接受职业教育，开展效果监测评估。

贫困地区的教育部门督促地方落实国家职业教育相关资助政策。加快发展贫困地区现代职业教育，鼓励国家示范性高等职业院校增加面向中西部地区的招生计划。利用完善的教育体系，宣传贫困家庭子女职业教育扶持政策，为贫困家庭提供信息和咨询服务，保证贫困家庭子女职业教育质量。

贫困地区的人社部门要加强对下属技工院校的监督管理，保障参加职业教育的贫困家庭学生的就学质量。落实职业技能鉴定补贴政策，加大对贫困家庭学生的补贴力度。加强对就业创业工作的组织领导，提供就业信息服务，促进贫困家庭子女毕业后尽快实现就业或创业。

贫困家庭子女参加中、高等职业教育的，可享受扶贫助学补助。学生在校期间，其家庭每年均可申请补助资金。各地根据贫困家庭新成长劳动力职业教育工作开展的实际需要，统筹安排中央和地方财政专项扶贫资金，确定补助标准，可按照每生每年 3 000 元左右的标准补助建档立卡贫困家庭。享受上述政策的同时，农村贫困家庭新成长劳动力接受中、高等职业教育，符合条件的，享受国家职业教育资助政策（图 3 - 4）。

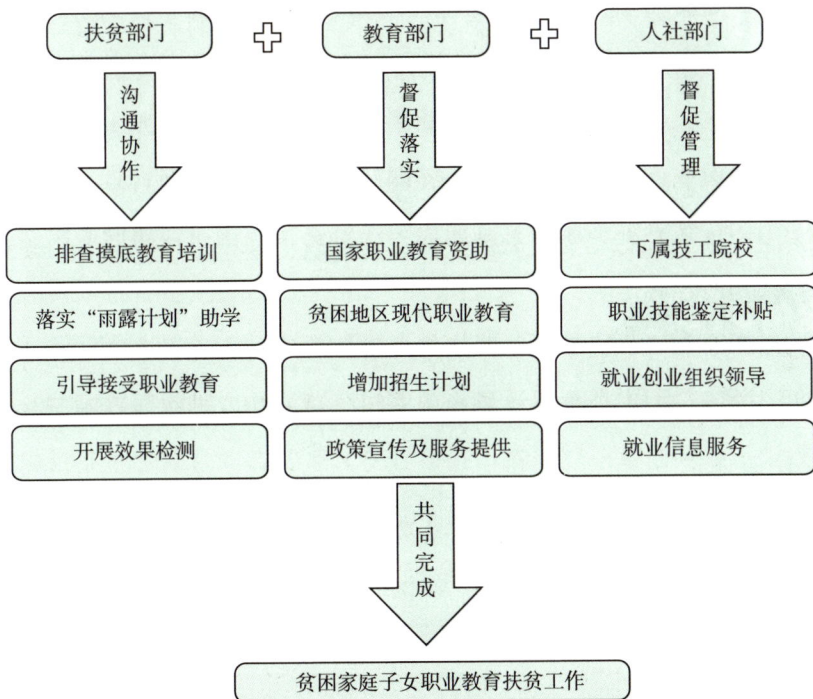

图 3 - 4 "雨露计划"支持贫困家庭子女职业教育工作框架

（四）政策实施成效

"雨露计划"作为教育扶贫政策之一，是为贫困家庭量身打造的职业技能提升计划,在精准扶贫中发挥了重要作用。有关部门组织实施贫困地区劳动力转移培训,平均每年完成贫困地区富余劳动力转移技能培训 100 万人,实现转移就业 90% 以上,稳定就业率达到 80% 以上,带动 320 万以上贫困人口脱贫。通过职业技能培训,帮助 500 万左右经过培训的青壮年贫困农民和 20 万左右贫困地区复员退伍士兵成功转移就业;通过创业培训,使 15 万名左右扶贫开发工作重点村的干部及致富骨干真正成为贫困地区社会主义新农村建设的带头人;通过农业实用技术培训,使每户贫困农户至少有一名劳动力掌握 1～2 门有一定科技含量的农业生产技术[①]。

2015 年至 2020 年,"雨露计划"毕业生所在家庭的户均工资性收入由 9 505 元增加到 38 790 元,累计增长 308%,是脱贫人口中收入增长最快、最稳定的群体。"雨露计划"毕业生新增规模将超过 300 万人,这些毕业生实现稳定就业,直接带动约 1 000 万脱贫人口高质量巩固脱贫成果,脱贫家庭新成长劳动力规模将达到 568 万人[②]。"雨露计划"已成为实现贫困家庭新成长劳动力充分就业、高质量就业、稳定增收的有效途径。

案例 3－3:

四川省安岳县"雨露计划＋"职业教育补助就业帮扶模式[③]

1. 基本情况

安岳全县面积 2 700 平方千米,总人口 155 万,是四川省第一人口大县,辖 46 个乡镇(街道),全县有脱贫村 135 个、乡村振兴重点帮扶村

---

① 案例来源:黄林昊:《"十一五"期间"雨露计划"将帮助 500 万贫困农民就业》,2007－04－23,https://www.gov.cn/wszb/zhibo46/content_591817.htm。

② 案例来源:常钦:《三部门启动"雨露计划＋"就业促进行动》,2022－06－13,https://www.gov.cn/xinwen/2022－06/13/content_5695416.htm。

③ 案例来源:资阳市农业农村局:《"六步工作法"做优"雨露计划＋"就业促进行动——资阳市安岳县"雨露计划＋"典型案例》,2023－07－21,https://mp.weixin.qq.com/s/V8lYsF_SVR4kOWKW0q7r6g。

27个（含6个脱贫村）、集体经济薄弱村4个、软弱涣散村1个，是全省片区外巩固脱贫攻坚成果任务最重的县。打赢脱贫攻坚这场硬仗后，如何守住战果、如何稳住收入、如何防止规模性返贫致贫，这些问题牵动着人民的心。国务院扶贫办主导的"雨露计划"通过提供就业机会、加强社会保障，以及提供教育和培训等帮助，为安岳县提供了有力的帮扶支持。

2. 做法成效

（1）实抓"雨露计划"职业教育补助发放

安岳县持续巩固脱贫成果，鼓励脱贫家庭初高中毕业生进入职业学校接受教育，将这项惠民利国的政策落到实处，确保让符合申报"雨露计划"职业教育补助条件的贫困家庭学生应享尽享。2023年安排省级衔接资金1 102万元用于"雨露计划"职业教育补助，提供强大的资金保障。

（2）严抓"雨露计划"职业教育补助申报程序

安岳县乡村振兴局持续开展"雨露计划"职业教育补助工作，严格身份核查，享受补助对象必须是在读中、高等职业教育脱贫户或监测帮扶对象。"雨露计划"补助标准为每人每学期1 500元，一年两期。上一学期享受过"雨露计划"补助且尚未完成职业教育学业的在读学生家庭，继续享受补助，直到毕业为止，退学、休学不再享受补助政策。本科以上学历含本科生不享受"雨露计划"补助。此外，符合条件的毕业生还可申请求职创业补贴（图3-5）。

（3）细抓"雨露计划"职业教育补助政策宣传

安岳县积极开展宣传工作，在村"两委"办公地点公告、广播，对脱贫户、监测对象开展"雨露计划"职业教育补助政策宣传，张贴宣传学校名称：

学生基本情况	姓名		性别		民族		
	生源地			学历			
	所在院系			移动电话			
	身份证号码			QQ号			
	家庭地址						
	学生本人银行账号			开户行			
补贴类型	城乡低保家庭毕业生 脱贫家庭毕业生 特困人员中的毕业生 残疾人毕业生						
学生申请						申请人（签字）： 年　月　日	
所在学校意见	经办负责人（签字）：				学校盖章 年　月　日		
县就业局审核					盖章 年　月　日		
备注	此表一式两份，县就业局、学校各一份。						

图 3-5　安岳县 2024 届高校毕业生求职创业补贴申请表
资料来源：https://mp.weixin.qq.com/s/qtBFIomTJGR0XPNdPx4nMA。

资料，利用微信群等宣传"雨露计划"政策，及时让脱贫群众、监测对象了解补助范围、标准、实施时间、申报方式及认定程序等，确保"雨露计划"家喻户晓，让符合申报"雨露计划"职业教育补助条件的学生享受到补助。

（4）精抓毕业信息登记全掌握

开展实名登记，以实名制建立毕业生个人档案数据库，建立健全县、乡、村三级联动机制，采取网络登记、电话登记、入户现场登记等多种手段完善数据，并将相关信息录入四川公共就业创业服务管理信息系统（现为四川公共就业创业服务网上办事大厅）的离校未就业毕业生管理信息模块，做到每名离校毕业生信息不漏登、不错登、不重登。对就业困难毕业生，采取用人单位重点推荐、岗位信息主动推送等帮扶措施促进就业。

（5）大抓需求配置强实效

安岳县是劳动力输出大县，常年转移输出农村劳动力 52.5 万人。通过电话联系、企业招聘登记等方式，充分挖掘企业需求就业岗位信息，并及时进行整理分类，通过举办专场招聘会和网络招聘会活动，为企事业用人单位和毕业生搭起了相互交流的平台。组织开展"就业援助月""高校毕业生就业服务月""高校毕业生就业服务周"等公共就业服务专项活动，帮助毕业生就业。免费为毕业生提供项目推荐、创业孵化、基地见习等"一站式"指导服务。

四、科技扶贫政策

（一）政策内涵及拟解决的问题

科技扶贫政策是指政府为了促进贫困地区的经济发展和社会进步，通过科技创新和技术应用，帮助贫困人口脱贫致富的一系列政策措施。这些政策通常包括技术攻关、成果转化、平台建设、要素对接、创业扶贫、教学培训、科普惠农等。科技扶贫是通过农业、科研、教育三结合等形式，一方面建立健全科技示范网络、组织开展各种类型的培训；另一方面建立全国农村科普网络，大力开展科普宣传，弘扬科学精神，提高农民素质。科技扶贫是由单纯救济式扶贫向依靠科学技术开发式扶贫转变的一个重要标志。其宗旨是应用适用的科学技术改革贫困地区封闭的小农经济模式，提高农民的科学文化素质，提高资源开发水平和劳动生产率，促进贫困地区产业发展，加快农民脱贫致富的步伐。

科技扶贫政策旨在解决以下几个主要问题：①技术短缺问题。通过技术攻关和成果转化，解决制约贫困地区产业发展的关键共性技术难题，提高贫困地区的科技支撑能力。②产业发展滞后问题。通过科技创新和技术应用，促进贫困地区产业结构调整，培育特色产业和支柱产业，增加农民收入。③人才缺乏问题。通过科技特派员创业扶贫行动和脱贫带头人培养行动，加强对贫困地区人才的培养和引进，提高人员科技文化素质。④信息化水平低下问题。通过科技信息扶贫行动，建立科技扶贫信息服务网络系统，提高贫困地区的信息化水平，促进经济发展。⑤生态环境保护问题。在依靠科技提高资源利用效率的同时，保护和改善生态环境，实现可持续发展。⑥贫困地区自我发展能力不足问题。通过科技扶贫政策的实施，激发贫困地区的内生发展动力，促进贫困地区经济社会全面发展。

科技扶贫政策有助于推动贫困地区的经济发展，提高贫困人口的生活水平，实现精准脱贫，对于全面建成小康社会和实现可持续发展具有重要意义。

（二）实施原则与工作目标

1. 实施原则

一是需求导向，精准扶贫。瞄准贫困地区和建档立卡贫困人口的科技需求，因村因户因人施策，确保目标到户、责任到人、政策到位，实现精准扶贫。

二是人才为先，智力扶贫。集聚人才要素，培养本土人才，引领当地产业发展，带动农户精准脱贫，强化"造血"功能，为扶贫开发提供有力的智力支撑。

三是科技支撑，创业扶贫。通过在贫困地区、革命老区建设一批"星创天地"、科技园区等，构建线上线下的创新创业服务平台，推进创业式扶贫，加快先进适用科技成果在贫困地区、革命老区的转化应用。

四是统筹资源，协同扶贫。各级科技管理部门要把科技扶贫作为重要的政治任务，上下协同，东西联动，形成强大工作合力。统筹行业扶贫、片区扶贫、定点扶贫，组织动员全行业科技力量，科学配置人才、技术、成果、平台、园区资源，做到项目精准安排，资金精准落实，措施精准实施，效果精准发挥。

2. 工作目标

一是提升贫困地区科技支撑能力。通过加强技术和人才引进，帮助贫困地区解决经济社会发展中的关键技术问题，培养各类科技人才，提高贫困地区科技创新能力。

二是促进贫困地区形成有利于科技进步的机制和环境。解放思想，更新观念，注重发挥市场在配置科技资源方面的决定性作用，广泛推行农科教三结合，以及"公司＋基地＋农户""协会＋农户"等成功机制与模式。

三是实施科技扶贫示范行动。在尚未解决温饱和初步解决温饱但不稳固的贫困地区，帮助其制定脱贫与发展规划，输送适用、高效技术，通过全方位技术推广与服务，根本改变示范区经济、社会、文化相对落后的面貌。

四是实施科技型特色产业促进行动。根据资源优势、市场前景和技术水平，在不同贫困地区选择具有发展前景的特色产业，给予技术、信息等方面的支持，促进其发展壮大，从而带动当地经济发展，加快农民脱贫。

五是实施科技信息扶贫行动。选择若干贫困县试点进行信息化建设，打破封闭，推动贫困地区经济发展。通过建立覆盖全国的科技扶贫信息服务网络系统，为贫困地区提供技术、产品、劳动力、资金等方面的信息服务。

这些原则和目标旨在通过科技创新驱动精准扶贫精准脱贫，充分发挥科技在脱贫攻坚战中的支撑和引领作用，帮助贫困地区实现可持续发展。

（三）实施举措

1. 关键技术攻关行动

依托各类涉农院校、科研院所和推广机构技术团队、产业技术体系专家等开展产业帮扶，在贫困县设立产业技术专家组，推动乡村振兴重点帮扶县建立产业技术顾问制度。开展关键技术攻关、生产技术指导、质量品质提升、市场信息研判、产业风险防范等服务。加强卫星遥感、通信技术的应用，促进贫困地区信息化发展。

2. 成果转移转化行动

面向贫困地区推介最新创新成果，发布"技术成果包""产品成果包""装备成果包"，增强贫困地区产业科技支撑能力。围绕贫困地区支柱产业转化推广先进适用技术成果，带动一批贫困地区特色优势产业发展。

3. 创业载体建设行动

指导贫困地区、革命老区、民族地区建设一批专业化、特色化的"星创天地"①，支持有条件的贫困县建设科技园区。推动高等学校新农村发展研究院在贫困地区建设一批集科研中试示范、成果推广转化、农民技术培训为一体的农村科技服务基地，引进和孵化一批科技型企业。鼓励贫困地

---

① "星创天地"是科技部科技计划体制改革农业领域的重要内容之一，是针对未来农业科技发展打造的新型农业创新创业"一站式"开放性综合服务平台。

区、革命老区建立完善技术中介机构，发展技术市场，推动产学研合作。

4. 创新要素对接行动

鼓励国家高新技术产业开发区、国家农业科技园区、国家可持续发展实验区与贫困地区对接，筹建科技园区，实现贫困地区人员转移就业。支持国家重点实验室、工程技术研究中心、国家临床医学研究中心、科技资源共享服务平台与贫困地区对接，推动技术创新和民生改善。动员国家高新技术企业到贫困地区投资兴业，带动贫困地区精准脱贫。加强科技援疆、援藏、援青工作与脱贫攻坚的有效衔接，开展经济发达地区面向贫困地区跨区域科技资源共享服务，支撑贫困地区产业发展。

5. 科技特派员创业扶贫行动

在贫困地区全面实施农技推广服务特聘计划，通过政府购买服务方式，支持贫困县从农业乡土专家、种养能手、新型经营主体技术骨干、科研教学单位一线服务人员中招募一批特聘农技员，为贫困户从事农业生产经营提供技术帮扶。根据贫困村创业致富带头人产业发展需求，突出针对性、实效性，建立健全课堂教学与实践实训相结合的培训机制，提升创业项目带贫减贫效果。针对贫困地区需要就地脱贫的 10 万个贫困村，组织动员科技特派员进村入户，促进科技能人与致富带头人、技术成果与贫困地区需求、创业扶贫政策与扶贫项目紧密结合，推动一二三产业融合发展。基本实现科技特派员对全国贫困村科技服务和创业带动的全覆盖，促进农民增收致富。

6. 脱贫带头人培养行动

以"三区"人才支持计划、科技人员专项计划为抓手，发挥科技特派员作用，加强对贫困地区返乡农民工、大学生村官、乡土人才、科技示范户的培训，每年培养 15 000 名左右懂技术、会经营、善管理的脱贫致富带头人和高素质农民。鼓励高等学校、科研院所和省市科技管理部门向贫困地区选派优秀干部和科技人才挂职扶贫，择优选拔贫困地区优秀年轻干部到中央部委学习锻炼。

7. 进乡入村科普行动

在贫困地区广泛开展科技列车行、院士行、"百名教授进百村"、流动科技馆进基层、科普大篷车万里行、"科技之光"青年专家服务团活动。组织编写和发放"农村科技口袋书"。做好全国党员干部现代远程教育课件的制播工作，在贫困县电视台推广《星火科技 30 分》电视栏目。试点建立"科教卫同屏互动服务平台"。

8. 组建产业扶贫技术专家组

组建产业扶贫技术专家组是为了加强对贫困地区产业发展的技术支持和指导。832 个贫困县组建了 4 100 多个专家组，为"三区三州"选派了 544 个专家组，以确保技术指导能够覆盖到每一个需要的地区。这些专家组的主要职责是为贫困地区的特色产业发展提供技术指导与咨询服务，帮助解决生产技术难题，带领贫困农户脱贫致富。

9. 实施农技推广服务特聘计划

农技推广服务特聘计划是为了增强基层，特别是贫困地区农技推广服务供给能力。该计划通过政府购买服务等方式，招募具有技术专长和农业生产实践经验的特聘农技员，为贫困地区提供精准服务，解决生产技术难题。实施区域包括 22 个省（自治区、直辖市）的国家扶贫开发工作重点县和集中连片特殊困难地区县。特聘农技员的服务期限原则上不超过 1 年，服务内容包括为县域农业特色优势产业发展提供技术指导与咨询服务，为贫困农户提供技术帮扶等。

10. 选聘产业发展指导员

产业发展指导员的选聘是为了在村一级提供更为精准的产业发展指导服务。这些指导员通常从贫困村驻村工作队队员、第一书记、结对帮扶干部、村组干部中选聘，也可以从乡土专家、种养能手、致富带头人中选聘。他们的职责包括：宣讲产业扶贫政策；指导贫困户科学选择产业；帮助联系项目落地；协调开展技术指导；引导贫困户加入合作社；帮助销售农产品等。

11. 开展农村实用人才带头人示范培训

农村实用人才带头人示范培训是为了提升乡村人才的产业发展和致富带富能力。培训对象包括种养大户、家庭农场主、农民合作社带头人等，内容涉及乡村特色产业发展、农产品加工、仓储冷链物流建设等。通过这样的培训，可以培养一批能够引领乡村产业发展的实用人才，为乡村振兴提供人才支持和智力支撑（图3-6）。

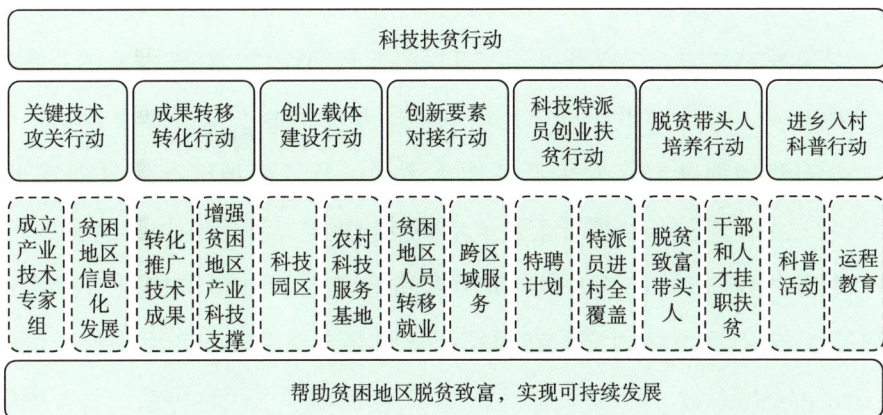

图3-6 科技扶贫工作内容架构

（四）政策实施成效

自2012年以来，全国科技系统累计在贫困地区建成1 290个创新创业平台，建立7.7万个科技帮扶结对，选派28.98万名科技特派员，投入200多亿元资金，实施3.76万个各级各类科技项目，推广应用5万余项先进实用技术、新品种[1]。积极组织动员全国科技组织和全国科技工作者深入贫困地区服务脱贫攻坚。2018年科技精准帮扶主体共有1 248个，帮扶主体资金投入各地区分布3.35亿元，建设示范基地1 987个，获得

---

[1] 吴月辉、谷业凯、刘诗瑶、喻思南：《科技作支撑 脱贫动力强》，2021-02-19，https：//www.gov.cn/xinwen/2021-02/19/content_5587663.htm。

1 209 个创新成果，带动贫困村数量 5 115 个，带动贫困户 67 481 户，带动农民增收 12.04 亿元①。

四川省建立了贫困户产业发展指导员制度，加快建立一支指导到位、服务精准、贫困户全覆盖的产业发展指导员队伍。这些指导员主要从贫困村驻村工作队队员和第一书记、结对帮扶干部、村组干部中选聘，帮助贫困户选准特色产业，宣传政策，解决技术难题，促进贫困户农产品销售，为贫困户建立产业发展台账，有效地推动了贫困户的产业发展和增收。

持续实施科技志愿服务行动、基层科普行动计划，在贫困地区开展农业实用技术、医疗健康等订单式培训，培养贫困地区基层农业技术带头人，提升贫困地区群众的生产技能水平，提升贫困地区产业发展水平。2013 年以来，中国科协累计配发流动科技馆展览 475 套，共计巡展 3 555 站，服务公众约 1.25 亿人次，其中集中连片特困地区贫困县覆盖率约 90%。截至 2019 年 9 月底，在国家级贫困县支持建成 553 所农村中学科技馆，占全国总数 64.45%。2014—2015 年启动了全国科协系统科普援疆援藏工作，面向农牧民和青少年开展科学普及、科普人才培养；2018 年，新疆维吾尔自治区、西藏自治区具备科学素质的公众比例分别达到 6.19%、2.94%，均较 2015 年有显著提升②。

案例 3 - 4：

云南省普洱市澜沧拉祜族自治县"产业＋技能"科技扶贫模式③

1. 基本情况

澜沧拉祜族自治县是边境多民族聚居县，原属于国家级贫困县。

---

①② 人民网-脱贫攻坚网络展-科技扶贫：http://fpzg.cpad.gov.cn/429463/430986/431001/index.html.

③ 案例来源：云岭先锋网，《科技赋能，拉祜山乡换新颜》，2023 - 05 - 05，https://ylxf.1237125.cn/Html/News/2023/5/5/413980.html.

2015 年以来，云南农业大学朱有勇院士团队利用科研成果，进行深入调研，取得扶贫成效，这背后离不开国家科技扶贫政策的大力支持。科技扶贫政策支持科研项目研究、农业技术推广以及基础设施建设等，让他们有能力去尝试和实践各种创新的扶贫模式和方法。同时，政策也在人才培养、技术培训等方面给予了有力的保障，促进了当地农民素质的提升，为特色产业的发展奠定了坚实基础。在科技扶贫政策的重要作用下，朱有勇院士团队坚持把科研论文写在土地上，写在脱贫攻坚主战场上，用科技扶贫的丰硕成果，帮助边境"直过民族"脱贫致富。

2. 做法成效

（1）把脉出方，聚力规划引领

找准"病因"，对症下药。根据澜沧拉祜族自治县素质性贫困状况和农业产业"小、散、弱"的实际，依托中国工程院院士专家团队强大的科技支撑和澜沧得天独厚的气候优势与丰富资源，该县确定了"科技引领，创新驱动"的科技扶贫思路，制定了《澜沧县科技扶贫示范县建设行动计划（2017—2020 年）》，积极实施林下有机三七、冬季马铃薯、冬早蔬菜等科技扶贫产业示范项目，逐年加大科技示范项目推广。

（2）量体裁衣，推进科技增效

坚持以高附加值、生态绿色产业带动脱贫，以发展内生动力、素质提升实现脱贫，探索推广以林下有机三七和冬季马铃薯两项具有代表性的创新产业为主的科技扶贫模式。竹塘乡云山村蒿枝坝村村民小组原先贫困发生率超过 50％。2016 年，朱有勇院士团队选择在该村民小组示范冬季马铃薯优质高产技术，全程跟踪指导，做到了从地块选择到种薯供应、从技术指导到联系销路的全方位服务，引导群众主动参与产业培育的各个环节，实现了"选准一个产业、造福一方百姓"的目标。蒿枝坝村村民小组坚持"党组织＋科技＋致富带头人＋农户"的发展模式，2018年全组种植冬季马铃薯350亩，产品远销北京、上海等地，户均增收12 000元，最终实现了整村脱贫，使蒿枝坝从一穷二白的"空壳村"一跃成为远近闻名的"明星村"。

（3）技能培训，激发内生动力

扶贫先扶智。澜沧祜族自治县属民族"直过区"，社会发育程度低，劳动者综合素质不高，朱有勇院士团队把"扶智"作为扶贫的重中之重，千方百计为提升贫困群众素质能力献计出力，在澜沧拉祜族自治县职业高级中学举办一个全日制院士指导班以及院士短期农业技术培训班。招生对象不设年龄、学历等条件限制，只要有意愿脱贫致富、头脑灵活、渴望学习实用技术，都可报名参加，择优录取。培训班由中国工程院院士和专家亲自授课，把课堂设在田间地头，把教案融入技术训练中，讲授中引入了市场营销知识，考试就是看学员的技术操作水平，学习成绩就是他们劳动成果的产量和质量，如冬季马铃薯培训班，亩产2吨为合格，2.5吨为良好，3吨为优秀。培训班已培养了800多名乡土人才。

2019年，在院士专家扶贫团队的帮扶和带领下，澜沧拉祜族自治县实现了从深度贫困到"云南省科技扶贫示范县"的跨越。脱贫攻坚能有今天的成效，与一大批像朱有勇院士一样把毕生所学用于农村、把实验室的最新成果带给农民的科技工作者密不可分。云南草地动物科学研究院黄必志院长带领团队，连年辗转贫困县指导推广"云岭牛"。该品种的养殖覆盖了云南省31个贫困县，存栏达25万头，带动了近2万户贫困户增收脱贫。这使得云南自主培育拥有知识产权的"云岭牛"

从"高科技牛"演变为"扶贫牛",成为云南高原特色农业的新亮点。正是这些科技人员的艰辛努力,让"脱贫"与"致富"同时有了加速度,让科技扶贫成果成为贫困县脱贫攻坚的强大力量。

五、土地支持政策

针对新型经营主体"用地难"的问题,用地政策坚持粮食安全、生态安全、规范用地的原则,以不占用永久基本农田、不突破国土空间规划建设用地指标约束、不破坏生态环境为前提,依托新型经营主体,为贫困地区产业发展提供建设用地指标,满足乡村二三产业发展的用地需求。

支持新型农业经营主体多路径提升规模经营水平。鼓励农民按照依法自愿有偿原则,通过流转土地经营权,提升土地适度规模经营水平。支持新型农业经营主体带动普通农户连片种植、规模饲养,并提供专业服务,提升农业服务规模水平。

允许贫困区县根据实际情况,在年度建设用地指标中优先安排新型农业经营主体建设配套辅助设施,并按规定减免相关税费。减免税费的具体金额和条件会根据当地政策和具体情况而定,通常需要满足一定的条件,如企业规模、经营活动的性质、是否从事国家非限制和禁止行业等。例如,小微企业"六税两费"减免政策规定,对增值税小规模纳税人、小型微利企业和个体工商户可以在 50% 的税额幅度内减征相关税费,但具体减免需要根据企业的实际情况和当地政府的规定来确定。2016 年至 2018 年底,新疆落实农、林、牧、渔业项目减免企业所得税政策,对 9 400 余户纳税人累计减免企业所得税 79.05 亿元;对 8.24 万户纳税人免征农业生产资料、滴灌产品、生产销售有机肥以及农民专业合作社销售农产品等增值税销售额 225.28 亿元。在此过程中，贫困地区"造血"功能得到提升①。

对新型农业经营主体发展较快、用地集约且需求大的地区，适度增加年度新增建设用地指标；通过城乡建设用地增减挂钩节余的用地指标，优先支持新型农业经营主体开展生产经营等。以贫困地区特色资源为依托，拓展农业农村功能，延伸产业链条，涵盖农产品生产、加工、流通、就地消费等环节。用于农产品加工流通、农村休闲观光旅游、电子商务等混合融合的产业用地，土地用途可确定为工业用地、商业用地、物流仓储用地等。

脱贫攻坚战取得全面胜利后，中国政府设立了 5 年过渡期，在过渡期内专项安排脱贫县的年度新增建设用地计划指标，各地要充分考虑农业农村发展需求，优先安排农村产业融合发展新增建设用地计划，市县要合理配置用地计划指标，不足的由省（直辖市、自治区）统筹解决。优化用地审批和规划许可流程，提高审批效率。

地方政府和相关部门强化用地监管，落实最严格的耕地保护制度，坚决制止耕地"非农化"行为，严禁违规占用耕地进行农村产业建设，防止耕地"非粮化"，不得造成耕地污染。农村产业融合发展用地不得用于商品住宅、别墅、酒店、公寓等房地产开发，不得擅自改变用途或分割转让转租。

---

① 新华网：《减税降费在新疆深度贫困地区持续释放扶贫效应》，2020 - 01 - 07，https：//www.xinhuanet.com/politics/2020 - 01/07/c_1125432663.htm。

◎ 第四章 如何提升农村产业扶贫成效

一、组织开展产销对接

（一）完善农产品产地市场体系建设

各地在特色农产品相对集中的贫困村建设田头市场、集配中心等流通设施，配备称重计量、预冷仓储、分级包装、信息服务等设施设备，健全管理服务机制。鼓励各地在贫困地区特色农产品优势区新建或改造农产品批发市场，完善贮藏保鲜、分拣分级、电子结算、安全监控等设施设备，加强冷链物流配送体系建设，提高产销对接硬件水平。

（二）拓宽农产品市场销路

建设全国贫困地区农产品产销对接公益服务平台，及时发布贫困县带贫经营主体特色农产品上市信息和采购商需求信息，实现供需信息对接。在全国组织开展贫困地区农产品产销对接活动，推动龙头企业、批发市场、大型超市和电商平台与贫困地区精准对接，建立长期稳定产销关系。支持供销、邮政及各类企业把服务网点延伸到贫困村。实施"互联网＋"农产品出村工程，强化电商企业与贫困户、家庭农场、农民合作社等产销对接。实施电商扶贫，深入实施电子商务进农村综合示范，力争具备条件的贫困县实现全覆盖，优先在贫困县、贫困村建设农村电子商务服务站点。组织贫困地区农产品定向直供直销学校、医院、机关食堂和交易市场活动，开展爱心购买贫困地区农产品公益行动。依托东西部协作和中央单位定点扶贫以及中国社会扶贫网①平台开展消费扶贫。引导扩大贫困县农产品网络销售范围。完善贫困地区农产品应急促销机制，引导各类市场主体开展农产品应急促销。在中央、省级新闻媒体开展贫困地区农产品公益宣传，扩大贫困地区优质特色农产品影响力。

（三）培育打造特色农业品牌

指导贫困地区实施品牌提升行动，立足资源禀赋和产业基础，做好品牌规划，打造区域公用品牌、企业品牌和产品品牌，保护地理标志农产品，加强品牌宣传。支持贫困地区开展绿色食品、有机农产品、国家地理标志农产品认证。鼓励贫困地区创建绿色食品原料标准化生产基地、有机农业示范基地和森林生态标志产品示范基地。建立贫困地区名特优农产品品牌目录，发布品牌索引，引导社会消费。鼓励带贫经营主体申请注册商标，对创建著名商标、品牌产品给予奖补。

（四）加大产销信息服务力度

依托现代农业产业技术体系，分产业发布生产规模、产量、价格变动情况和市场预测，将农产品供需信息有效传导给新型经营主体和贫困村、贫困户。全面推进信息进村入户工程，加快贫困村益农信息社建设，加强产销信息发布，提升贫困地区涉农信息综合服务水平。指导贫困地区开展农民手机应用技能培训，提高贫困户信息查询、网络营销、服务获取和便捷生活的能力，使手机成为广大贫困户的"新农具"。

（五）加强农产品流通设施建设

推进农产品流通骨干网络建设，优化县域批发市场、商品集散中心、

---

① 中国社会扶贫网于 2016 年由国务院扶贫办创建，以扶贫对接、众筹扶贫和消费扶贫三项业务为主。全国脱贫攻坚战取得全面胜利后，该网更名为中国社会帮扶网，将原有平台调整为数字乡村、公益帮扶和消费帮扶三个平台。

物流基地布局，引导供销、邮政及各类企业把服务网点延伸到脱贫村。支持贫困地区建设田头市场、物流配送体系、仓储保鲜冷链设施，布局一批区域性冷链物流骨干节点，支持贫困地区产业发展。深入发展农村电子商务，加强电商主体培育和电商人才培训，提升特色产业电子商务支撑服务水平。实施"数商兴农"，统筹市场力量参与农村电商基础设施建设，培育发展农产品网络品牌。

二、开展扶贫项目资产后续管理

（一）政策内涵及拟解决的问题

扶贫项目资产后续管理政策是指为了确保扶贫项目在巩固拓展脱贫攻坚成果、接续全面推进乡村振兴中持续发挥效益，而制定的一系列管理措施和操作规程。这些政策涉及扶贫项目资产的分类管理、确权登记、后续管理责任、管护运营、收益分配使用以及资产处置等方面，旨在确保项目资产稳定良性运转、经营性资产不流失或不被侵占、公益性资产持续发挥作用，从而为巩固拓展脱贫攻坚成果、全面实现乡村振兴提供更好保障。

扶贫项目资产后续管理政策服务对象包括：①贫困地区和贫困户。这些地区和群体是扶贫项目的直接受益者，确保项目资产的有效管理和利用，有助于他们继续享受到项目带来的效益，帮助脱贫人口增收，实现可持续发展。②地方政府。地方政府负责统筹指导和监督扶贫项目资产的后续管理工作，政策要求地方政府明确相关部门、乡镇政府管理责任清单，建立目标明确、责任清晰、运行高效的工作机制。③行业主管部门。根据行业领域资产管理制度和规定，乡村振兴局、发展改革委等行业主管部门承担行业监管职责，指导乡镇、村委会做好本行业扶贫项目资产管理工作。④村级组织。村级组织要担负起确权到村集体的扶贫项目资产的监管责任，充分发挥监督作用，加强对本村的扶贫项目资产的监管。⑤其他相关部门，包括乡村振兴、农业农村、发展改革、教育、财政、自然资源、交通运输、水利、卫生健康、文化旅游等相关部门。它们需要按照分工明确管理责任，共同将扶贫项目资产后续管理各项工作落实到位。

（二）实施原则与工作目标

1. 实施原则

一是坚持依法依规，突出帮扶特性。扶贫项目资产后续管理要与农村集体产权制度改革相衔接，遵循国有资产和农村集体资产管理及行业管理等有关规定，充分考虑扶贫项目资产受益群众的特殊性，资产权属和收益权尽量下沉。

二是坚持权责明晰，实施分类管理。按产权归属落实后续管理责任。扶贫项目资产由地方政府负责统筹。根据不同类别扶贫项目资产属性，落实各级行业主管部门监管责任。注重发挥村级组织作用。因地制宜、分类施策，完善扶贫项目资产后续管理机制。

三是坚持公开透明，引导群众参与。严格落实公告公示制度，提高项目资产后续管理和运营透明度。充分尊重农民意愿，切实保障受益群众对扶贫项目资产的知情权、参与权、表达权、监督权。

2. 工作目标

按照现有资产管理制度及农村集体产权制度改革等要求，建立健全扶贫项目资产的长效运行管理机制，确保项目资产稳定良性运转、经营性资产不流失或不被侵占、公益性资产持续发挥作用，为巩固拓展脱贫攻坚成果、全面实现乡村振兴提供更好保障。

（三）实施举措

1. 摸清扶贫项目资产底数

扶贫项目资产按经营性资产、公益性资产和到户类资产进行管理。经营性资产主要为具有经营性质的产业就业类项目固定资产及权益性资产等，公益性资产主要为公益性基础设施、公共服务类固定资产等，到户类资产主要为通过财政补助等形式帮助贫困户发展所形成的生物性资产或固定资产等。对使用各级财政资金、地方政府债券资金、东西部协作、社会捐赠和对口帮扶等投入形成的扶贫项目资产进行全面摸底，分类建立管理台账，重点是经营性资产和公益性资产。

2. 有序推进确权登记

结合农村集体产权制度改革，按照"谁主管、谁负责"的原则，稳妥推进符合条件的扶贫项目资产确权登记，做好资产移交，并纳入相关管理体系。对经营性资产，根据资金来源、受益范围、管理需要等明确权属，尽可能明确到获得收益的个人、村集体经济组织等。难以明确到个人的扶贫项目资产，原则上应明确到村集体经济组织，纳入农村集体资产管理范围，并按照农村集体产权制度改革要求有序推进股份合作制改革。对公益性资产，项目建成后应及时办理移交手续，按照行业相关要求进行确权和管理。到户类资产归农户所有。对属于不动产的，依法办理确权登记。

3. 落实后续管理责任

省市两级政府统筹指导和监督做好扶贫项目资产后续管理工作。县级政府对本县域扶贫项目资产后续管理履行主体责任，明确相关部门、乡镇政府管理责任清单。乡镇政府要加强扶贫项目资产后续运营的日常监管。对确权到村集体的扶贫项目资产，村级组织要担负起监管责任。各级行业主管部门按照职责分工，根据行业领域资产管理制度和规定，履行行业监管职责。

4. 规范后续管护运营

明确扶贫项目产权主体管护责任，探索多形式、多层次、多样化的管护模式。对经营性资产，要加强运营管理，完善运营方案，确定运营主体、经营方式和期限，明确运营各方权利义务，做好风险防控。各地可根据实际，探索实行集中统一管护。管护经费根据运营方案原则上从经营收益中列支。对公益性资产，要加强后续管护，完善管护标准和规范，由相应的产权主体落实管护责任人和管护经费。可通过调整优化现有公益性岗位等方式解决管护力量不足问题，优先聘请符合条件的脱贫人口参与管护。属于村集体的公益性资产管护经费，可由村集体经营收益、地方财政资金统筹解决。落实受益群众责任，引导其参与管护和运营。对到户类资产，由农户自行管理，村级组织和有关部门要加强指导和帮扶，使到户扶贫项目资产更好发挥效益。

5. 规范收益分配使用

发挥扶贫项目资产的帮扶作用，经营性资产收益分配按照现行资产管理制度实施。对制度未予明确规定的，应通过民主决策程序提出具体分配方案，体现精准和差异化扶持，并履行相应审批程序，分配方案和分配结果要及时公开。扶贫项目资产收益重点用于巩固拓展脱贫攻坚成果和全面实现乡村振兴。对于属于村集体的资产收益，通过设置一定的条件，鼓励采取参加村内项目建设和发展等劳动增收方式进行分配，激发群众内生动力。提取的公积公益金重点用于项目运营管护、村级公益事业等方面。严禁采用简单发钱发物、一分了之的做法进行收益分配。

6. 严格项目资产处置

任何单位和个人不得随意处置国有和集体扶贫项目资产。确需处置的，应严格按照国有资产、集体资产管理有关规定，履行相应审批手续进行规范处置。将扶贫项目资产进行抵押担保的，要严格按照相关法律法规执行。对以个人、村集体经济组织名义入股或参股企业等经营主体的，应明确股权的退出办法和处置方式等。村集体资产的处置收入应重新安排用于巩固拓展脱贫攻坚成果和全面实现乡村振兴（图4-1）。

（四）政策实施成效

扶贫项目资产后续管理是"有效衔接"长效机制的重要纽带之一，加强扶贫项目资产管理是巩固拓展脱贫攻坚成果同乡村振兴有效衔接的重要抓手。扶贫资产管理能够通过完善产业发展带动机制实现家庭经营性收入

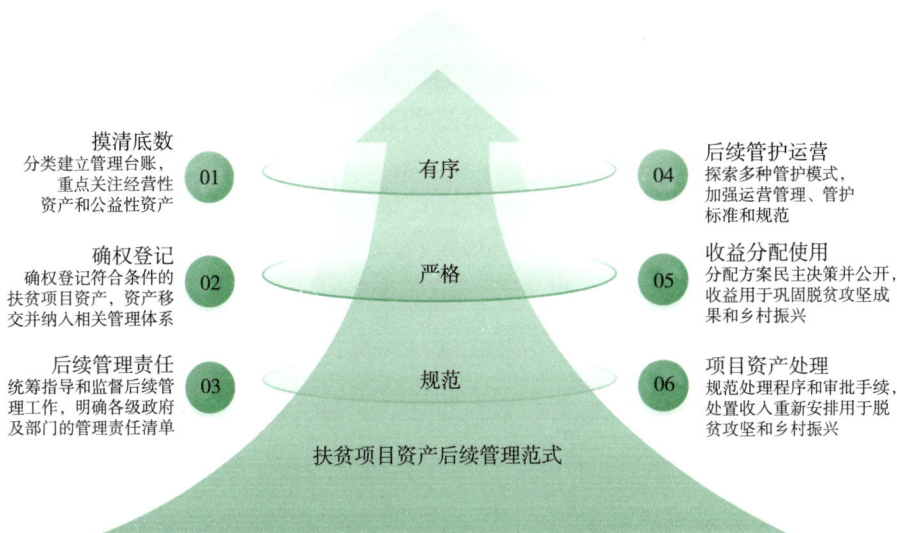

图 4 - 1　扶贫项目资产后续管理范式

的增长，通过增加产业车间务工、公益性岗位等途径实现工资性收入的提升，通过资产收益分红等实现转移性及财产性收入的增长。

目前已初步形成中央统筹、省级衔接、县级落实的扶贫资产管理制度体系，为进一步强化管理、提升效率奠定了坚实基础。此外，已初步实现了扶贫资产的平台化管理，试点地区在对扶贫资产进行权属划分的基础上均进行了电子化登记，包括项目的实施单位、金额、所有者、日常管理者维护者、收益及受益情况等相关信息，不仅能够为后续扶贫资产管理绩效评价奠定基础，还能够为推动数字化乡村建设增加动力。原国家乡村振兴局也在项目资金管理平台基础上逐步引入和完善扶贫资产管理系统。截至2021 年 3 月，纳入系统的产业项目发展资金 9 033 亿元、基础设施项目资金 8 688 亿元、易地搬迁项目资金 8 473 亿元[①]，对这些扶贫资金项目资产进行管理已经有了较好的平台基础。

---

① 任金政．贫困县"摘帽"后面临的发展机遇和挑战：以扶贫项目资产管理为例［J］．国家治理，2022（7）：53 - 56.

案例 4 - 1：

贵州省铜仁市"12345"工作法创新扶贫项目资产后续管理①

1. 基本情况

地处武陵山区腹地的铜仁市，曾是贵州省贫困人口最多、贫困面积最大、贫困程度最深的地区之一。经过脱贫攻坚战，2020 年底铜仁市 10 个贫困县全部摘帽，1 553 个贫困村全部出列，93.46 万贫困人口全部脱贫。贵州省铜仁市创新探索扶贫资产清理、确权、登记、运营、处置的"12345"工作法，初步实现"资产家底清楚、类型界定科学、产权归属明晰、权利义务匹配、运营管理规范"的目标，为巩固拓展脱贫攻坚成果、接续推进乡村振兴奠定了坚实基础。

2. 做法成效

(1)"1 个目标"强设计

铜仁市紧紧围绕"管好用活扶贫项目资产，确保扶贫项目资产持续发挥效益"目标，率先在全省出台《铜仁市扶贫资金、项目及资产监督管理办法（试行）》，对党的十八大以来使用各级财政专项扶贫资金、涉农整合资金、东西扶贫协作资金等投入形成的资产进行全面清查，防止扶贫项目资产闲置和损失浪费，让资产得以稳定良性运转。同时制定《铜仁市扶贫项目资产管理工作方案》，进一步明确全面摸清底数、准确区分类型、科学界定权属、落实管理责任、规范管护运营、规范收益分配、合规合法处置、精准登记信息。

(2)"2 种类型"强推进

一是针对公益性资产，按照"所有权与管护权相结合""谁主管、

---

① 案例来源：天眼新闻：《铜仁："12345"工作法推进扶贫项目资产后续监管》，2021 - 07 - 02，https://gz.chinadaily.com.cn/a/202107/02/WS60ded97fa3101e7ce9757e81.html。

谁负责"原则落实管护主体、责任单位和管护人责任，鼓励通过开发公益性岗位、引进第三方等方式解决管护力量及管护资金不足的问题。二是针对经营性资产，根据资金来源、受益范围、管理需要等，参考管理现状进行分类确权。对运营良好、确权双方无异议的，以镇、村为单位，从行业部门抽调业务人员成立扶贫资产清产核资小组，对扶贫资产进行评估，出具资产评估报告，随后组织资产确权；对运营不良，或确权双方有争议的项目，聘请第三方机构对扶贫资产进行评估，形成资产评估报告，再开展资产确权。

（3）"3本台账"强监管

一是建好管理台账。各区县在确定扶贫项目资产权属的基础上，按照经营性、公益性、到户类资产分类登记造册，明确资产"身份信息"，建立健全县级扶贫资产总台账。二是建好信息台账。依托全国防返贫监测信息系统及贵州扶贫云监测系统，围绕扶贫资产进一步保值增值或是否流失，通过大数据、人工智能全过程预警监管，打造扶贫资产管理"数据铁笼"。三是建好责任台账。明确专人负责扶贫项目资金管理登记及台账建立工作，实时对扶贫项目资产变动情况进行更新登记，并对相关项目档案进行规范化、标准化管理，做到内容无遗漏、数据无差错，确保账账相符、账实相符。

（4）"4项基础"强调度

一是强化组织推动。成立县级扶贫项目资产管理工作领导小组，组建工作专班，将责任压实到单位、到乡镇、到人，形成各司其职、各负其责、齐抓共管的工作格局。二是强化统筹协调。建立上下联动工作机制，行业部门按职责、横向统筹抓推进，县、镇、村三级按责任、纵向协作抓落实，实现了扶贫资产规范管理横向到边、纵向到底的网格化管理。三是强化风险防控。加大监督检查力度，预防资产管理工作开展过程中各类违规违纪违法行为的发生。四是强化长效机制。将扶贫资产管理工作作为各区县、各行业部门实施乡村振兴战略、日常监督检查、年度目标任务和绩效考核的重要内容。

（5）"5个环节"强规范

一是聚焦摸底清查。坚持市县乡村四级联动，探索建立从扶贫资金"入口"到资产使用"出口"全流程监管长效机制，全面开展大摸底、大排查。二是聚焦权属界定。结合农村集体产权制度改革，按照"谁受益、谁负责"的原则科学界定扶贫项目资产权属，规范权属界定、确权登记、清单移交、台账建立等环节，分类确权登记，细化确权对象，保障所有者合法权益。三是聚焦管护运营。通过合作经营、委托管理、公开发包、入股分红等方式，明确运营各方权利义务、经营责任、管护责任、绩效目标、股权的退出和处置方式等，确保扶贫资产发挥成效。四是聚焦收益分配。坚持扶贫资产收益优先用于发展村级产业、巩固拓展脱贫成果、做大做强村级集体经济、改善和维护村内小型公益设施和全面推进乡村振兴。坚持按劳分配为主，鼓励劳动致富，同时兼顾公平，保障弱势群体合法利益。五是聚焦资产处置。任何单位和个人不得随意处置集体和国有扶贫项目资产，确需处置的须履行相应审批手续进行规范处置。行业部门和乡村两级同步建立扶贫项目资产核销登记台账，做到县乡村三级台账记录一致。

截至 2021 年 5 月底，全市累计清查项目 29 042 个，涉及资金 264.01 亿元，形成资产项目 24 173 个，形成资产现有价值 187.03 亿元（其中，经营性资产 39.08 亿元，公益性资产 135.68 亿元，到户类资产 12.27 亿元），形成资产规模占比 70.84%；已完成资产确权项目 19 336 个，价值 156.02 亿元。

三、创新产业扶贫模式

（一）光伏扶贫

1. 光伏扶贫内涵

光伏扶贫是一种以光伏发电技术为基础，帮助贫困地区和贫困家庭通过太阳能发电获得经济收益的扶贫模式。这种模式通过在贫困地区建设光伏电站，将光伏电池板安装在闲置土地、屋顶或其他适宜地点，利用阳光转化为电力，从而为当地提供持续的经济收入。光伏扶贫不仅能提高贫困家庭的收入水平，还能推动地方经济发展，增加当地的税收和财政收入。同时，光伏电站的建设也有助于推动绿色能源的使用，减少对传统化石能源的依赖，具有环保和可持续发展的优势。

2. 光伏扶贫举措

一是规划与设计。进行全面的光照条件评估和土地适宜性分析，结合当地气候和地理特点，制定合理的光伏发电系统规划。设计时应考虑到系统的规模、布局、技术参数等，以最大化发电效益。

二是建设与安装。选择信誉良好的光伏设备供应商，采购高效、稳定的光伏组件和逆变器。安装过程中，须确保所有设备按照设计要求正确安装，并进行系统测试，确保其运行性能。

三是运营与维护。建立完善的运维机制，包括定期检查设备状态、清洁光伏板表面、检查电缆和逆变器等。制订详细的维护计划，及时处理故障，保障系统长期稳定运行。

四是利益分配。确定光伏发电的收益分配机制，包括贫困家庭的收入份额、合作社或村集体的收益等。确保分配公正透明，激励贫困家庭积极参与。同时，设立专项基金，用于扶贫项目的再投资或社区基础设施建设。

3. 光伏扶贫效果

光伏扶贫在实践中已经取得了显著的成果。光伏电站的建设不仅为贫困家庭开辟了稳定增收渠道，还促进了地方经济的整体发展。电站的运营创造了大量的就业机会，包括设备安装、运维和管理等职位。此外，光伏扶贫项目还带动了相关产业链的发展，如光伏组件制造和物流运输等。然而，这种模式也存在一些挑战，例如设备维护成本较高、政策支持不稳定、市场价格波动等。因此，项目的成功实施需要政府、企业和社区三方的共同努力，以及对市场动态和政策环境的密切关注。

（二）电商扶贫

1. 电商扶贫内涵

电商扶贫是通过互联网平台，将贫困地区的特色产品推广到更广泛的市场，从而提升产品销量和农民收入的扶贫模式。这种模式通过建立电商平台或利用现有的电商平台，将贫困地区的农产品直接销售给消费者，打破了传统销售渠道的地域限制和中间环节，降低了销售成本，提高了产品的市场竞争力。电商扶贫不仅能够提高贫困地区的经济收入，还能提升农民的市场意识和销售技能。

2. 电商扶贫举措

一是建立平台。根据贫困地区的实际情况，选择合适的电商平台进行合作，如淘宝、京东、拼多多等，或者建立本地化的电商平台。通过这些平台，为贫困地区的农产品提供展示和销售的渠道。

二是培训农民。组织电商培训课程，教授农民如何使用电商平台进行产品上架、订单处理、客户服务等操作。培训内容应包括电商基础知识、拍摄产品照片的技巧、编写商品描述的要点等，以提高其网络销售技能。

三是产品包装与物流。改进产品的包装设计，提升其市场吸引力和竞争力。建立高效的物流配送体系，与物流公司合作，确保产品能够及时、完好地送达消费者手中。同时，优化库存管理，减少因过期或损坏造成的损失。

四是市场推广。制定市场推广策略，通过社交媒体、搜索引擎广告、网红带货等手段，提升产品的曝光度和知名度。利用大数据分析消费者需求，调整营销策略，以吸引更多的潜在客户。

3. 电商扶贫效果

电商扶贫在许多贫困地区取得了良好的成效。通过电商平台，贫困地区的特色农产品得以拓展市场，销售量显著增加，农民收入大幅提升。电商扶贫还促进了当地经济的多元化发展，增加了就业机会，提高了农民的综合素质和技能水平。但与此同时，电商扶贫也面临一些挑战，如平台费用较高、物流成本上升、市场竞争激烈等。因此，为了实现长期可持续发展，需要持续优化电商运营模式，加强市场研究和推广力度。

（三）旅游扶贫

1. 旅游扶贫内涵

旅游扶贫是通过开发贫困地区的旅游资源，吸引游客前来观光，从而提高当地经济收入的扶贫模式。这种模式充分利用贫困地区的自然风光、历史遗迹、民俗文化等资源，发展旅游业，带动相关产业的发展，创造就业机会，改善当地居民的生活条件。旅游扶贫不仅能够促进地方经济的发展，还能提高当地居民的生活水平和幸福感。

2. 旅游扶贫举措

一是资源开发。对贫困地区的自然景观、历史遗迹、民族文化等进行深入调研，挖掘其独特的旅游资源。设计具有吸引力的旅游线路和活动，例如生态旅游、文化体验、乡村游等，提高游客的参与度和满意度。

二是基础设施建设。改善旅游基础设施，包括道路、住宿、餐饮、卫生设施等，以提高游客的整体体验。投资建设旅游接待中心、信息咨询点等服务设施，提供便捷的旅游服务。

三是宣传推广。制定全面的宣传推广策略，通过旅游展览、社交媒体、旅游网站等渠道，宣传贫困地区的旅游资源。与旅行社、在线旅游平台合作，提升目的地的知名度和吸引力。

四是社区参与。鼓励当地居民积极参与旅游服务业，提供导游、餐饮、住宿等服务。组织培训班，提高居民的服务技能和管理水平，确保服务质量的提升。

3. 旅游扶贫效果

旅游扶贫在许多地区已取得显著成效。通过发展旅游业，贫困地区的经济活力得到了显著增强，居民的收入水平和就业率都有所提高。旅游业的发展还促进了地方文化的保护和传承，提升了地区的知名度和吸引力。然而，旅游扶贫的效果也受到资源开发程度、基础设施建设和市场需求等因素的影响。为了实现可持续发展，需要加强对旅游资源的保护，优化旅游服务质量，并不断调整和完善发展策略。

一、支持新型经营主体联贫带贫

(一) 政策内涵及拟解决的问题

涉农企业、家庭农场、农民合作社、农业社会化服务组织等新型农业经营主体已逐步成为带动贫困地区产业发展，保障农民稳定增收、农产品有效供给、农业转型升级的重要力量。在实际发展中，这些经营主体往往受困于"融资难、融资贵"的问题，制约了自身发展。新型经营主体的扶持政策旨在通过一系列政策措施，联合发力，支持和促进新型经营主体发展，提高农业生产效率、增加农民收入、促进农村经济发展，并最终帮助贫困地区脱贫。

金融信贷政策支持新型经营主体发展是指利用银行信贷资金或者与国内外金融机构合作，为贫困地区新型经营主体发展提供资金支持，带动产业培育和发展，促进就业和地方财政增收，进而实现脱贫摘帽，是典型的"造血式"扶贫。其核心在于通过建立长效机制，用市场机制激发贫困地区的内生发展动力，培育和发展产业，扶智与扶志相结合，实现稳定脱贫和可持续发展。

(二) 实施原则与工作目标

1. 实施原则

一是构建框架完整、措施精准、机制有效的政策支持体系，不断提升新型经营主体适应市场能力和带动农民增收致富能力。

二是充分发挥一揽子政策对新型经营主体发展的扶持作用，引导新型经营主体多元融合发展。

2. 工作目标

一是支持发展规模适度的农户家庭农场和种养大户。鼓励农民开展多种形式的合作与联合，支持农业产业化龙头企业和农民合作社开展农产品加工流通和社会化服务，培育多元化农业服务主体，发展农业产业化联合体，鼓励建立产业协会和产业联盟。

二是引导新型农业经营主体多模式完善利益分享机制。进一步完善订单带动、利润返还、股份合作等新型农业经营主体与农户的利益联结机制。鼓励地方将新型农业经营主体带动农户数量和成效作为相关财政支农资金和项目审批、验收的重要参考依据。

三是引导新型农业经营主体多形式提高发展质量。鼓励农户家庭农场提升标准化生产和经营管理水平，引导农民合作社依照章程加强民主管理、民主监督，鼓励龙头企业建立现代企业制度，提升农产品质量安全水平和市场竞争力。鼓励各类社会化服务组织按照生产作业标准或服务标准，提高服务质量水平。

（三）实施举措

1. 落实金融扶持政策

面向新型农业经营主体，创新专属金融产品，进一步提升金融服务的可得性、覆盖面、便利度，推动贫困地区一二三产融合发展。银行业金融机构要为符合条件的新型农业经营主体提供免担保的信用贷款支持，针对不同类型新型经营主体的特点，研究制定差异化的信用贷款政策。积极推广农村承包土地的经营权抵押贷款，支持农机具和大棚设施等依法合规抵押质押融资。积极开展新型经营主体"首贷"、无还本续贷业务。支持符合条件的新型农业经营主体通过债券和股权进行融资。

落实金融支持新型经营主体信贷政策，充分发挥农业信贷担保体系作用，推广"政银担""政银保"等模式，加大对带贫成效突出的龙头企业、农民合作社、创业致富带头人的信贷支持力度。创新开展产业扶贫贷款，根据经营主体带动建档立卡贫困户数量，按照每户不高于 10 万元标准合理确定贷款额度，最高不超过 200 万元，贷款利率在基准利率基础上最高可上浮 3 个百分点，并按相关规定享受扶贫贷款贴息政策。

2. 创新完善联贫带贫机制

组织农业产业化龙头企业与贫困地区开展有效对接，通过股份合作、订单帮扶等方式，推动贫困户与新型经营主体建立稳定、紧密、互利的利益联结关系。采取"企业＋贫困户""基地＋贫困户""园区＋贫困户""合作社＋贫困户"等多种形式，带动贫困户融入产业发展链条。培育壮大农民合作社，增强带贫能力，吸纳更多贫困户入社。引导贫困地区组建农机作业、农资供应、代耕代种、统防统治、动物防疫等各类农业社会化服务组织，鼓励各地通过政府购买服务方式，向贫困户提供便利高效的农业社会化服务。鼓励贫困地区家庭农场和种养大户通过流转土地、技术辐射、销售服务等方式，帮助贫困户发展产业、提高收入。

引导贫困户、村集体、合作社、龙头企业组建农业产业化联合体，让贫困户和村集体稳定分享产业链和价值链收益。积极推动贫困地区资源变资产、资金变股金、农民变股东，实施薄弱村集体经济发展提升计划，通过盘活集体资源、入股或参股、量化资产收益等渠道增加集体经济收入（图 5-1）。

（四）政策实施成效

全国 8 000 家扶贫龙头企业九成以上来自于农林牧渔业、制造业和批发零售三类行业，重点围绕农业以及农产品的加工、销售进行产业布局。

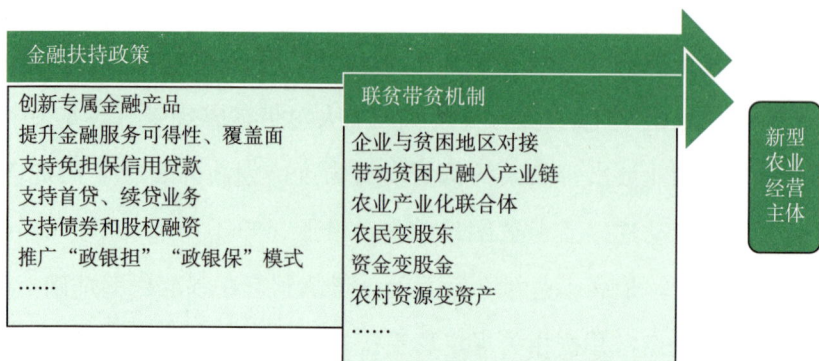

图 5-1　新型农业经营主体扶持体系框架

数据显示，"十三五"期间，扶贫龙头企业经营规模迅速扩大，企业经营效益不断改善。2016 年以来，扶贫龙头企业总体营业收入年均增长33.3%，平均营收规模从 2015 年的 1 044 万元扩大至 2020 年的 4 383 万元，平均利润额从 2015 年的 108 万元扩大至 2020 年的 673 万元[①]。

如图 5-2、图 5-3 所示，家庭农场与农民合作社数量增长迅速。截至 2020 年底，中国依法登记注册的农民合作社总数达到 224.1 万家，是10 年前的 5.9 倍，连续 4 年总体数量稳定在 220 万家以上[②]，2022 年全国登记在册的农民合作社数量为 222.7 万个，纳入名录系统的家庭农场数量已达 400 万家，其中县级以上示范家庭农场超过 17 万家[③]。全国各类家庭农场年销售农产品总值 1 946.2 亿元，平均为 32.4 万元；平均每个家庭农场年净利润 11.6 万元；农民合作社年经营收入 6 309.2 亿元，成员人均可获得盈余二次返还 1 460.4 元。全国农民合作社成员中的普通农户占比 95.5%，农民合作社为成员提供年经营服务总值 8 773.5 亿元，成员人

---

①　陈益刊：《8 年财政专项扶贫投入近 1.6 万亿，摘帽贫困县经营数据向好》，2021-02-25，https://www.yicai.com/news/100959125.html。

②　高杨、王军、魏广成、孙艺荧：《2021 中国新型农业经营主体发展分析报告（一）》，2021-12-09，https://mp.weixin.qq.com/s/URUM4Gjh57hh8SivyGRypg。

③　中农富通农业园区运营创新研究：《2022 中国新型农业经营主体发展分析报告——中国农民合作社》，2023-01-06，https://www.sohu.com/a/625145179_120948977。

均享受合作社统购统销服务 1.5 万元①。农民合作社规范化水平不断提升，依法按交易量（额）分配盈余的农民合作社数量约是 2012 年的 2.5 倍，3.5 万家农民合作社创办加工实体，近 2 万家农民合作社发展农村电子商务，7 300 多家农民合作社进军休闲农业和乡村旅游②。

万个

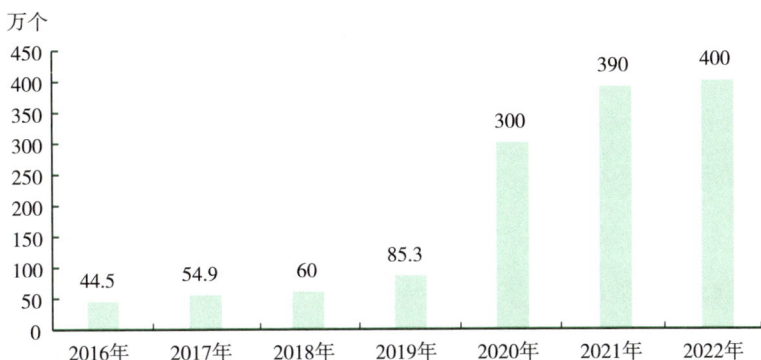

图 5-2　全国家庭农场数量

资料来源：中华人民共和国中央人民政府，https：//www.gov.cn/。

万个

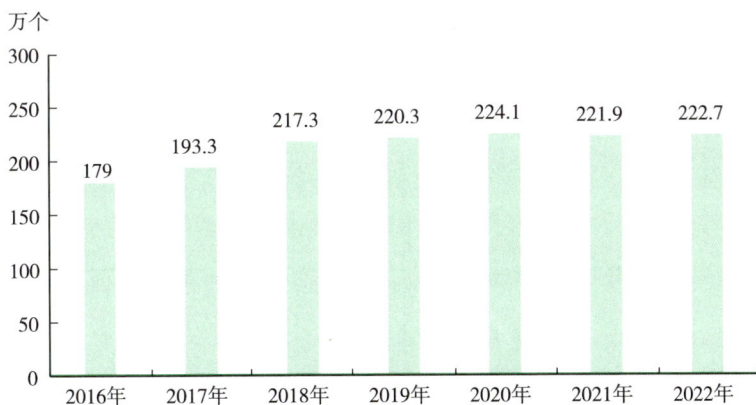

图 5-3　全国农民合作社数量

资料来源：中华人民共和国中央人民政府，https：//www.gov.cn/。

---

① 中华人民共和国农业农村部：《新型农业经营主体保持良好发展势头》，2023－12－19，https：//www.gov.cn/lianbo/bumen/202312/content_6921803.htm。

② 中华人民共和国农业农村部：《新型农业经营主体和服务主体高质量发展规划（2020—2022 年）》，2020－03－03，https：//www.gov.cn/zhengce/zhengceku/2020－03/24/content_5494794.htm。

案例 5-1：

陕西省洋县"335"联农带农模式①

1. 基本情况

洋县地处汉中盆地东缘，县域面积3 206平方千米，人口44.5万，良好的生态环境孕育出独具特色的国家地理标志保护产品——洋县黑米。洋县突出规划引领、主体培育和品牌打造三项措施，强化组织领导、政策引导和项目资金三大保障，拓展"新型经营主体＋基地＋农户"订单农业、"新型经营主体＋脱贫户"就业带动、"村集体经济组织＋农户"产业补助、土地流转、科技服务联农带农五条路径。其中，新型经营主体扶持政策发挥了极为重要的作用。一系列扶持举措，有力地推动了新型经营主体的成长与发展，使其成为扶贫产业发展的核心力量，高效整合资源、带动就业、促进产业升级，切实把农户镶嵌在有机黑米产业链中分享产业增值收益。

2. 做法成效

（1）三大保障，强化产业帮扶联农带农

洋县强化顶层设计，加大政策扶持，通过三大保障为黑米产业发展"保驾护航"。一是加强组织保障。针对黑米产业链建设，采取县级领导包抓镇办，镇办行政一把手负责本辖区黑米基地建设、经营主体培育、产销对接的工作格局，并将任务纳入年度目标责任考核，做到事前明确帮扶目标，事中加强督促指导，事后进行效果评估。二是加强政策保障。先后印发《洋县加快黑米产业发展的实施意见》《洋县小农户对接大市场实施意见》《洋县产业扶贫示范龙头企业发展实施方案》等政策

---

① 案例来源：洋县人民政府：《省级乡村振兴典型案例｜洋县探索"335"工作法强化产业链联农带农》，2023-10-19，http：//yangxian.gov.cn/yxzf/yxxwzx/gzdt/202310/512f7d40f0ea4834b15ab0f4eab324ae.shtml。

文件，从基地建设、农户补贴、产销对接、利益联结机制建立等方面明确了一系列激励扶持政策，有效促进了产业发展和联农带农。三是加强资金保障。近三年，共投入黑米产业发展资金 4 560 万元，其中黑米种植户补贴 1 950 万元，累计补贴农户 8 778 户，投入基础设施建设资金 2 130 万元，产销对接及企业奖补资金 480 万元，有效推进了产业链建设。

（2）三措并举，打造黑米优势特色产业链

洋县形成了"龙头企业＋基地＋合作社＋农户"的发展模式，有效带动了农户增收。一是突出规划引领，规模发展。全面推行有机生产模式，重点在汉江两岸平川区 9 个镇办打造黑米产业带，种植黑米 6 万亩，建立 300 亩以上的示范基地 10 个，2022 年总产量 2.7 万吨，有机黑米相关产业产值已超过 5 亿元，占全县农业产值的 30％以上。二是突出培育主体，引领发展。培育打造黑米生产加工企业、合作社等新型经营主体 9 家，其中国家重点龙头企业 1 个，省级重点龙头企业 6 个，年贮藏、加工能力 20 万吨。三是突出打造品牌，提升品位。在西安、如皋开展"食补国宝 洋县黑米""朱鹮之原 有机洋县"区域公用品牌发布会，倾力打造以洋县"朱鹮""有机"整体品牌形象为引领，区域公用品牌和企业产品品牌为主体的洋县农产品双品牌体系，先后注册黑米类商标 75 个，不断提升产品品位，积极开展线上线下宣传推介，通过专营、推广和电商等多渠道发力，使洋县黑米由"好米"变"名米"，有效提高了产品附加值。

（3）五条路径，确保联农带农增收

一是"新型经营主体＋基地＋农户"的订单农业路径。全县 9 家龙头企业与 9 个镇办 76 个村 14 905 户农户签订黑米购销订单合同，发展黑米订单生产 4.7 万亩，形成了良好的产供销一体的产业发展模式，产业链条进一步延伸，将脱贫户、监测对象嵌入产业链中，促进其持续稳定增收。二是"新型经营主体＋脱贫户"的就业带动路径。龙头企业、专业合作社、家庭农场等新型经营主体吸纳脱贫户到产业基地或农产品加工车间、销售网点、休闲农业示范点等就业务工，脱贫户根据自身能力，积极参与经营主体生产作业、产品加工、日常工作等环节，获取工资性收入。三是"村集体经济组织＋农户"的产业补助路径。通过村集体经济合作社，对符合产业补贴政策的黑米种植户统一核查上报，争取巩固衔接资金，对黑米种植户发放产业补助，提高了农户种植黑米的积极性。四是土地流转路径。积极招引、培育龙头企业流转土地、发展产业。近 3 年，累计流转土地 5 200 亩，支付土地流转费用 249.1 万元，受益农户 1 319 户，户均受益 1 890 元。五是科技服务联农带农路径。成立洋县有机（绿色）专家工作站，成立县级技术服务专家库，每个镇办配备一名科技副镇长和一支科技服务小分队，每个村落实一名科技特派员和产业发展指导员，及时解决农户产业发展中的技术问题。近三年，累计开展技术培训 190 次，培训农户 920 人，解决生产技术难题 132 个，解除了农户的后顾之忧，有效提高了农户生产技能。

二、实施资产收益扶贫联贫带贫政策

（一）政策内涵及拟解决的问题

在产业扶贫推进工作中，不少项目存在实施主体带贫责任不落实，到村到户管理服务不精准、不到位，利益分配简单"一发了之""一股了之"等问题，严重影响了精准带贫的效果和贫困户内生动力的提升。资产收益扶贫指在不改变用途的情况下，将财政专项扶贫资金和其他涉农资金投入设施农业、养殖、光伏、水电、乡村旅游等项目形成的资产，或者财政支农资金投入到村或农民专业合作组织的资产划出一部分，折股量化给贫困户，尤其是丧失劳动能力的贫困户，实行贫困户按股分红、收益保底的扶贫模式。

资产收益扶贫政策的服务对象包括：①建档立卡贫困户，特别是那些缺乏劳动能力或弱劳动能力的贫困人口。②村集体所有的经营性资产，以及村集体接受资助、捐赠和补助形成的资产，可以纳入资产收益扶贫范围。③具备条件的企业、村集体经济组织、农民合作社等，可以成为资产收益扶贫的实施主体。

（二）实施原则与工作目标

1. 实施原则

一是因地制宜，稳步推进。按照进度服从质量的要求，在具备条件的前提下，合理把握推广的节奏和范围，不片面追求规模和覆盖面。

二是产业为本，注重实效。资产收益扶贫分享的是产业发展红利，必须坚持产业发展为本。要选择本地优势特色产业、围绕贫困群众辐射带动强的产业来设计和实施资产收益扶贫项目。

三是加强引导，强化风控。收益分配要兼顾各方利益，引导好的企业、合作社等主体参与资产收益扶贫，并承担项目经营的主体责任。科学设计实施方案，加强风险管控，特别是防止系统性风险。

四是完善制度，规范运行。资产收益扶贫的健康有序发展，需要完善的制度保障，包括公平合理的利益分配机制，协调顺畅、监督有力的项目管理机制和健全的监管制度体系。

2. 工作目标

资产收益扶贫可以加强产业扶贫项目分红收益分配使用和管理，建立利益联结和带贫减贫长效机制，目标是让无劳动能力或弱劳动能力的贫困人口分享财政支持产业发展带来的红利，在收益分配时优先保障其收益，丰富对深度贫困人口的精准扶持措施，弥补脱贫攻坚的薄弱环节。

（三）实施举措

第一，企业、农民专业合作社等与村集体、农户民主协商，自愿成为资产收益扶贫项目实施主体，通过协议形式明确各方的权、责、利，吸引具备较强经营能力的实施主体参与当地产业发展，提高财政涉农资金使用效益。资产收益扶贫将财政投入形成的资产量化折股，优先分配给贫困村和贫困户，鼓励向丧失劳动能力或弱劳动能力的贫困户倾斜。除直接分享红利外，当地群众还可以通过土地入股形式获得地租，有劳动能力的可以就近通过产业项目务工获得劳务收入。

第二，产业扶贫项目实施主体担负资产的保值增值责任，并鼓励各地推广"保底收益＋按股分红"等模式。项目取得可分配收益的，优先兑付给贫困村和贫困户；除不可抗力因素外，若项目面临较大的经营困难或出现持续亏损，难以保障贫困户收益时，实施主体应利用自有资金购买贫困户、农户和村集体的收益权或股份。产业扶贫项目实施主体解散或破产清算时，在按照有关法律规定清偿债务后，应优先保障贫困村和贫困户的权益。

第三，优先扶持贫困村、贫困户，并建立贫困户通过自身努力脱贫的激励机制，如村集体设置公益性岗位或企业设置岗位让贫困户参与劳动获得务工收入。除旅游扶贫外，各类产业扶贫资产收益优先分配给贫困村和贫困户，并鼓励向丧失劳动能力或弱劳动能力的贫困户、贫困残疾人户倾斜，优先吸纳本地贫困劳动力就业。此外，在制订资产收益分配方案时要充分考虑受益主体的动态调整。对于脱贫农户，经过核查认定为稳定脱贫的，不再享受针对贫困户的优先扶持政策，调整出的收益权分配给其他贫困户或发展村级公益事业（图5-4）。

图5-4　资产收益扶贫实施工作流程

（四）政策实施成效

贫困地区基本上保持传统的小农生产经营模式，而资产收益扶持政策则要求整合土地、林地、水面、生产工具等资源，采取存量折股、增量配股、土地入股等多种形式，转换为农户在企业、合作社或者其他经济组织的股权，推动农村资产股份化、土地股权化，盘活各种资源要素，形成资源叠加效应，提高资源利用率。资产收益扶持制度能够改变贫困地区资源零碎、分散的状态，有助于加快农业基础设施建设和规模化发展，提高农业质量效益和竞争力，从而推动农业供给侧结构性改革和当地农业现代化进程。

其次，资产收益扶持制度以政府资金融合社会资金，引入市场机制和资本运作模式，能够有效开发贫困地区潜在的土地、劳动力和财政资金等资源，促使各类资本要素投入生产活动中，提高使用效率。此外，资产收益还能使分散的资金聚集起来，变资金为股金，将财政投入到村的各类资金原则上转变为村集体和农户持有的资本金，投入到企业、合作社或其他经济组织，进而形成村集体和农户持有的股金。

案例 5－2：

重庆市石柱土家族自治县石家乡金融扶贫的"石柱模式"①

1. 基本情况

石柱土家族自治县地处长江上游南岸、重庆东部、三峡库区中心，当地以土家族为主的少数民族占 79.3％，是集民族地区、三峡库区、革命老区于一体的特殊县。2014 年，石柱土家族自治县还是全市 14 个国家级重点贫困县之一，有贫困村 85 个，贫困户 15 758 户②。石柱土家族自治县积极引进培育农业经营主体，大力发展农业产业。尤其值得一提的是，推出的资产收益扶贫政策起到了至关重要的作用。该政策通过创新利益联结机制，让贫困群众能够切实分享产业发展带来的收益，有效解决了长期存在的"扶"而不"脱"的返贫问题，形成具有很好推广价值的"石柱模式"，为全县脱贫攻坚工作提供了强大动力和坚实保障。

2. 做法成效

自国家实施精准扶贫以来，石柱土家族自治县决定在石家乡进行试点，创新探索财政扶贫资金使用管理模式，以乡村旅游产业为载体，带动贫困户增收致富。2012 年，石家乡率先实施乡村旅游龙头企业带动贫困户发展试点工作，确定了以石柱土家族自治县"梦里荷塘"乡村旅游专业合作社为载体，筛选了 36 个具有代表性的贫困户入社作为试点对象，依托乡村旅游龙头企业石柱土家族自治县石龙山庄度假村有限公司带动贫困户发展，由龙头企业通过引导基金驱动、劳务用工促动、农产品收购带动三种方式带动贫困户增收致富。所谓"引导基金驱动"，

---

① 冯彦明.金融扶贫的"石柱模式"[J].中国金融，2017（5）：76－78。

② 案例来源：重庆·石柱网：《乡村振兴新时代 实践下乡创未来——重庆师范大学三下乡"超广角"团队调研我县乡村振兴工作见闻（四）》，2021－09－07，http：//www.zgsz.gov.cn/content/2021－09/07/content_10227133.htm。

即按照重庆市关于发展乡村旅游的贫困户可以享受 3 万元的补助金的规定，由石家乡政府按 36 个贫困户每户 3 万元的标准立项申请乡村旅游财政专项扶贫资金 108 万元，作为乡村旅游扶贫发展引导基金注入合作社。合作社作为引导基金的管理组织将引导基金借给石龙山庄，石龙山庄按借款总额 10% 的比例每年向合作社缴纳 10.8 万元占用费，合作社将这 10.8 万元按照 10% 用于合作社运行、40% 用于奖励扶持、50% 用于贫困户产业发展基础补贴的比例进行分配。

石柱土家族自治县在石家乡成功试点的基础上进一步创新，细化出了包括股权收益扶贫、基金收益扶贫、信贷收益扶贫和旅游收益扶贫四种具有地方特色、符合当地需要的扶贫方式，被称为"资产收益模式"。其中，金融扶贫"石柱模式"包括股权收益扶贫、基金收益扶贫和信贷收益扶贫。

股权收益扶贫是石柱土家族自治县目前采用的最主要的扶贫方式。根据要求，该县整合涉农财政资金 8 000 万元，在全县全面推进农业项目财政资金股权分红。凡家庭农场、农民合作社、农业企业等农业经营主体带动贫困户参与其生产经营的，都可以得到这种股权资金的扶持，农业经营主体每带动一个贫困户可得到 2 万元的股权资金。投入到农业经营主体的财政补助股权资金按 50%、10%、40% 的比例分别由农业经营主体、农村集体经济组织、贫困户以股权方式持有，其中农村集体经济组织和贫困户持有股份为优先股，他们不参与农业经营主体的经营管理，也不承担其任何债务。农村集体经济组织和贫困户每年按持股金额的 8% 实行固定分红，同时获得投入资金所产生效益的 40% 分红；如果农业经营主体的年终效益无法核实，则按不低于持股金额的 4% 进行效益分红。投入期限届满，农业经营主体按股金原值，即财政补助股权资金的 10% 和 40%，分别返还给农村集体经济组织和贫困户。为保证贫困户的利益，将符合政策性农业保险范围的自然灾害和病虫害等均纳入保险。

"石柱模式"的建设成效集中表现在三个方面。一是脱贫致富效果明显。该模式虽然运行时间不长，但由于有了石家乡的有效试点，扶贫的成效非常显著。仅在 2015 年，全县就实现 20 518 名群众稳定脱贫，33 个贫困村整村脱贫。二是激发了贫困户的自我发展意识。在"石柱模式"中，所有贫困户只要按照"订单"诚实劳动，就能获得分红收入、销售收入和工资收入。三是发挥了市场在资源配置中的决定性作用，实现了政府扶贫角色的转换，相关各方在实施扶贫和发展产业过程中职责清晰明确。

◎ 第六章　如何防范农村产业扶贫风险

一、健全产业扶贫风险防范机制

发展产业是实现贫困人口稳定脱贫的根本途径和长久之策。贫困地区扶贫产业发展总体处于探索发展阶段，还没有形成成熟的产业体系。随着要素投入不断增加、产业规模不断扩大，产业扶贫面临的风险逐步显现。加强产业扶贫风险防范，提升产业扶贫质量，已成为巩固脱贫成果、构建脱贫长效机制的迫切要求。贫困地区应充分认识防范产业扶贫风险的重要性和紧迫性，扎实做好产业扶贫风险评估、防范和应对，为促进扶贫产业健康持续发展提供坚实保障。

（一）科学开展产业扶贫风险评估

贫困地区要把风险评估作为加强产业扶贫风险防范的切入点，从技术援助、市场服务、保险减损、金融风险化解、绿色发展等方面，研究制定防范和处置风险的措施。将参与产业扶贫工作的龙头企业、农民合作社等带贫新型经营主体作为主要评估对象，聚焦生产、经营、带贫能力和政策措施落实情况等重点领域，系统评估产业发展面临的主要风险，为制定风险防范应对措施提供基础依据。将产业扶贫项目纳入脱贫攻坚项目库管理，规范项目申报和审批程序，健全公告公示制度，加强资金项目常态化监管。

（1）开展生产情况评估

主要评估引进品种是否适应当地资源生态条件，动植物疫病防控是否采取针对性措施，养殖业畜禽粪污是否开展资源化利用或无害化处理，是否建立有效的产品质量安全管控措施，是否建立技术团队或与有关科研机构建立合作关系等。

（2）开展经营情况评估

主要评估带贫主体是否有良好的盈利能力，是否有畅通的原料收购渠道，是否建立相对稳定的产品销售渠道和营销网络，是否有效开展品牌创建和推介，是否根据实际需要建设储藏、保鲜、烘干、物流等设施设备。

（3）开展带贫能力评估

主要评估带贫主体是否能够正常履行带贫协议，是否建立有效的联贫带贫机制，是否吸收贫困群众就地务工，是否存在打着扶贫旗号违规牟利问题，是否存在不尊重市场规律搞收益强制分配问题等。

（4）开展政策措施落实情况评估

主要评估政府在规划编制、项目库管理等方面是否采取有效措施，政府出台的扶持政策措施是否落实到位，是否及时开展市场信息服务，是否建立产业技术专家组，是否开展有针对性的人员培训等。

（二）强化产业扶贫风险防范应对措施

（1）注重扶贫产业长期培育

贫困县要坚持久久为功，不断强化产业发展基础性工作，做到产业选择不盲目跟风、产业发展不急功近利。因地制宜发展现代特色种养业，加快发展农产品加工流通业，积极发展新产业新业态，推进一二三产业融合发展，切实增强产业持续稳定带贫能力。积极探索扩大农业保险种类和覆盖面，提高保险保障水平。及时开展产业扶贫规划、产业发展规划实施情况评估，调整完善规划内容，优化发展重点，强化政策措施落实，提升产业带贫效果。

（2）建立风险预警机制

贫困县要建立带贫主体风险监测机制，定期开展风险评估工作，跟踪了解带贫主体生产经营情况，督促带贫主体制定风险防范和处置措施。加强产业扶贫项目管理，严格执行申报审批程序，完善产业扶贫项目服务机制。带贫主体要主动加强风险管理，及时评估生产经营过程中的技术风险和市场风险等，完善内部治理结构，建立风险内控制度，与当地政府相关部门建立信息通报机制，共同化解产业扶贫风险。

（3）深入推进产销对接

贫困县要加强市场信息服务，建立健全扶贫产业信息监测和发布机制，正确引导生产。加强市场营销设施条件建设，加快建设一批田头市场、产地储藏、保鲜、烘干、物流等设施，为农产品错峰销售、止损增效、规避风险提供保障。加强区域公用品牌、企业品牌和产品品牌打造，鼓励带贫主体申请注册商标，加强品牌宣传。拓宽产品销售渠道，大力发展电子商务，推动批发市场、大型超市和电商平台等与贫困地区稳定对接。把消费扶贫纳入东西部扶贫协作和对口支援工作范围，积极推进优质农副产品进机关、进学校、进超市、进网络。

二、实施贫困地区涉农保险政策

（一）政策内涵及拟解决的问题

贫困地区涉农保险是指针对贫困地区农业生产特点和农民实际需求，由政府主导、保险公司承保的一系列农业保险产品和服务。这些保险产品旨在为农村贫困人口提供风险保障，减轻自然灾害、疾病等因素对农业生产的影响，从而保障农民的基本生活和稳定收入，促进贫困地区产业稳健发展。

（二）实施原则与工作目标

1. 实施原则

一是定向原则。定向发挥保险经济补偿功能，努力扩大保险覆盖面和渗透度，通过保险市场化机制放大补贴资金使用效益，为贫困户提供普惠的基本风险保障。定向发挥保险信用增信功能，通过农业保险保单质押和扶贫小额信贷保证保险等方式，低成本盘活农户资产。定向发挥保险资金融通功能，增加对贫困地区的投放，增强"造血"功能，推动贫困地区农业转型升级。

二是精准原则。把集中连片特困地区，老、少、边、穷地区，国家级和省级扶贫开发重点县，特别是建档立卡贫困村和贫困户，作为保险支持重点，创设保险扶贫政策，搭建扶贫信息与保险业信息共享平台，开发针对性的扶贫保险产品，提供多层次的保险服务，确保对象精准、措施精准、服务精准、成效精准。

三是特惠原则。在普惠政策基础上，通过提高保障水平、降低保险费率、优化理赔条件和实施差异化监管等方式，突出对建档立卡贫困户的特惠政策和特惠措施，为建档立卡贫困人口提供优质便捷的保险服务，增强贫困人口抗风险能力，构筑贫困地区产业发展风险防范屏障。

四是创新原则。构建政府引导、政策支持、市场运作、协同推进的工作机制，综合运用财政补贴、扶贫资金、社会捐赠等多种方式，拓展贫困农户保费来源渠道，激发贫困农户保险意识与发展动力。针对贫困地区与贫困农户不同致贫原因和脱贫需求，加强保险产品与服务创新，分类开发、量身定制保险产品与服务。创新保险资金支农融资方式，积极参与贫困地区生产生活建设。

2. 工作目标

贫困地区涉农保险目标是积极发挥保障功能，创造有利于"造血式"

扶贫的金融环境，有力地助推打赢脱贫攻坚战。支持贫困地区开发特色产业险种，拓宽特色产业保险品类，开展扶贫小额信贷保证保险等业务，探索发展价格保险、产值保险、"保险＋期货"等新型险种。扩大贫困地区涉农保险保障范围，开发物流仓储、设施农业、"互联网＋"等险种。鼓励有条件的贫困地区对主要特色优势产业和贫困户种养产业实现农业保险全覆盖。把创业致富带头人发展的产业项目纳入保险扶贫范围，享受保险扶贫优惠政策，同时积极开发适宜产品，适度提高保额，适当降低保险费率。

（三）实施举措

一是完善政策性农业保险业务。政策性农业保险涵盖多种作物和动物，例如水稻、甘蔗、玉米、能繁母猪、育肥猪、奶牛、肉牛等。不同地区还可能有特定的补贴险种，如某些地区的水果、肉鸡、桑蚕等。支持保险机构在贫困地区开展政策性农业保险业务，加快发展当地特色农产品保险和价格保险、收入保险、"保险＋期货"等新型险种。鼓励保险机构根据贫困地区的具体情况，创新保险产品和服务，以满足不同农户的需求。

二是农业保险服务网络建设。加强农业保险服务网络建设，确保农业保险服务覆盖到贫困地区的每一个角落。政策性农业保险实行农户自愿投保，可以由农户、农业生产经营组织自行投保，也可以由农业生产经营组织、村民委员会等单位组织农户集中投保。

三是农业保险助扶贫。将农业保险作为扶贫工作的重要组成部分，通过农业保险为贫困农户提供风险保障，帮助他们稳定收入、实现脱贫。建档立卡的贫困户购买政策性农业保险的可以免交保费，脱贫后的两年内仍可享受该政策。一旦发生保险事故，农户应及时报告保险公司，保险公司将进行查勘定损，并根据保险合同约定进行赔偿。赔偿金将发放到农户的银行账户（图6-1）。

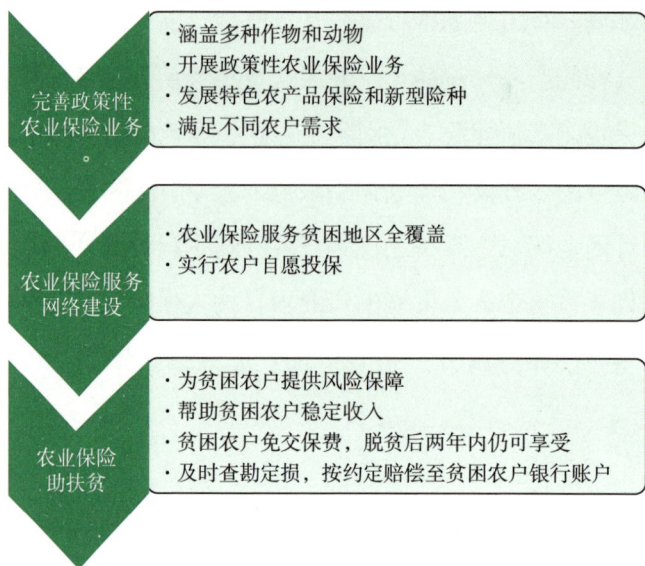

完善政策性 农业保险业务	·涵盖多种作物和动物 ·开展政策性农业保险业务 ·发展特色农产品保险和新型险种 ·满足不同农户需求
农业保险服务 网络建设	·农业保险服务贫困地区全覆盖 ·实行农户自愿投保
农业保险 助扶贫	·为贫困农户提供风险保障 ·帮助贫困农户稳定收入 ·贫困农户免交保费，脱贫后两年内仍可享受 ·及时查勘定损，按约定赔偿至贫困农户银行账户

图 6 - 1　涉农保险政策实施举措框架

（四）政策实施成效

2016 年，中央财政拨付农业保险保费补贴资金 158.3 亿元，同比增长 7.47%，是 2007 年的 7 倍多，带动全国实现农业保险保费收入 417 亿元，为 2.04 亿户农户提供风险保障[1]，玉米、稻谷、小麦三大粮食作物承保覆盖率已超过 70%，承保农作物品种达到 211 个，基本覆盖农、林、牧、渔各个领域[2]。

2018 年起，中国在 6 省份试点开展三大粮食作物完全成本保险和收入保险，随后保险覆盖率不断提升，2021 年扩大试点范围至 13 省份。深度贫困地区财政补贴型农业保险的保险费率在已降费 20% 的基础上，再降低 10%～30%。2019 年全年，中国人保农业保险为农户提供风险保障 22 100 亿元，承保三大主粮作物占播种面积的 29.4%，支付赔款 250.4 亿

---

① 中华人民共和国中央人民政府：《中央财政进一步完善农业保险保险费补贴制度》，2017 - 01 - 27，www. gov. cn/xinwen/2017 - 01/27/content _ 5163898. htm.

② 黄薇. 保险政策与中国式减贫：经验、困局与路径优化 [J]. 管理世界，2019，35（1）：135 - 150.

元。其中,"政府扶贫救助保险"专属产品为 31 个省份的建档立卡贫困户和特定人群提供风险保障 7 712 亿元[①]。2022 年,中国农业保险为 1.67 亿户次农户提供风险保障 54 600 亿元,实现农业保险保费规模 1 219 亿元(图 6-2),首次突破千亿元,同比增长 25%。其中,中央财政拨付农业保险保费补贴 434.53 亿元,同比增长 30.3%[②]。农业保险赔付在 2021 年为 720 亿元,比 2020 年 592 亿元增长了近 128 亿元(图 6-3)。

图 6-2 财产保险公司农业保险保费

资料来源:国家统计局,https://data.stats.gov.cn/index.htm。

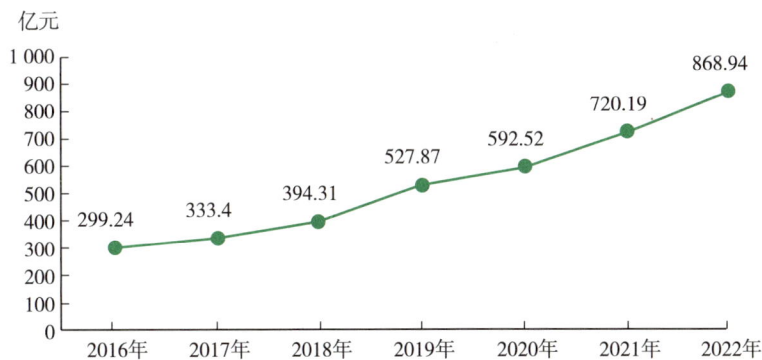

图 6-3 财产保险公司农业保险赔款及给付

资料来源:国家统计局,https://data.stats.gov.cn/index.htm。

---

① 搜狐网:《银保监会聚焦深度贫困地区"农业保险+"面临重大机遇》,2020-03-31,https://www.sohu.com/a/384609047_100165253。

② 中国财经报:《我国农业保险提供风险保障逾五万亿元》,2023-02-09,https://www.mof.gov.cn/zhengwuxinxi/caijingshidian/zgcjb/202302/t20230209_3865733.htm。

案例 6 - 1：

河北省阜平县"政融保"扶贫模式①

1. 基本情况

河北省阜平县是革命老区，地处太行深山区，沟壑纵横，土地贫瘠，交通不便，产业基础薄弱，基础设施条件差，人均收入低，原是国家级贫困县。全县耕地面积仅 21.9 万亩，人均 0.96 亩；全县 164 个贫困村，占全部行政村的 78.5%。2014 年建档立卡贫困人口 10.81 万人，占总人口的 48%，脱贫攻坚任务艰巨。近年来，河北阜平"政融保"充分发挥保险经济补偿、信用增信、直接投资的功能，变"输血"为"造血"，使贫困群众生产经营有保险，创业有贷款，脱贫致富有保障。

2. 做法成效

（1）产品创新，开发特色农险

按照"中央支持保大宗、保成本，地方支持保特色、保产量，有条件的保价格、保收入"的要求，除了中央和省政府提供补贴的马铃薯、花生、奶牛、设施农业等政策性农业保险险种外，阜平县还根据当地农业种养特色，因地制宜开发了适合保障贫困山区生产发展的大枣、核桃、肉牛、肉羊成本价格保险和养鸡保险、种羊养殖保险 6 种县级财政补贴险种，由县政府提供 60% 的保费补贴，参保农户自己承担 40%。成本价格保险既保障灾害事故造成的产量损失，又保障市场价格下跌损失，锁定了农户农业生产成本收益。

2016 年 3 月，人保公司根据阜平县扶贫产业发展方向，集中开发了

---

①　案例来源：中国保险行业协会：《2018 年中国产业扶贫新进展》，2018 - 06 - 07，https：//www. iachina. cn/art/2018/6/7/art _ 8569 _ 102911. html。

食用菌、肉驴、蜂业、中药材等 28 款扶贫保险产品，建立了完善的特色扶贫农业保险产品体系，保障农户生产收益。2017 年，根据当地需求开发了黑木耳成本价格、黑木耳成本价格补充和粮食作物产值等 3 款保险产品，进一步丰富了阜平农险产品库。

（2）模式创新，联办共保

2014 年 11 月，阜平县采用"联办共保"模式推进农业保险，国家政策性农业保险按有关规定执行。当地商业性保险由农户和企业自缴保费的 40%，政府保费补贴 60%。农户、企业缴纳和政府补贴形成的保费收入由人保财险和政府保险专户五五分成。保险理赔由人保财险、政府相关部门和乡村两级金融服务机构按照实际损失程度进行赔付，保险赔款由人保财险和政府保险专户五五分担。同时，阜平县政府拿出 3 000 万元设立保险风险保障基金，并建立保险保障基金补充机制。如果当年的理赔金额小于保费收入，节余则自动留在保险基金，不断扩大保险基金规模。在当地建成由县金融服务中心、乡金融工作部、村金融工作室构成的三级金融服务网络，覆盖全县 13 个乡镇 209 个村，为金融保险扶贫奠定了坚实的组织保障。保险公司和政府分别利用技术优势和行政资源协同推进农业保险，降低推进工作的成本和难度。

（3）制度创新，探索"基本＋补充"普惠农险

为破解贫困农户对农业保险缺乏需求与农业保险交易成本高的双重困境，阜平县探索了"基本＋补充"的普惠性农业保险开办制度，其核心在于政府补助保费保基本、农户自愿参保保增量，即由阜平县政府对基本保障全额补助保费实行统保，农户根据自身投保意愿和缴费能力可以自费提高保障水平。这不仅可以为广大贫困农户提供有效的基本风险保障，同时通过为部分有缴费能力的农户提供更高的保障水平，实现对

农户致富奔小康的精准支持。

（4）功能创新，启动"政融企户保"金融扶贫

按照"政府政策支持＋保险资金融资＋保险风险保障"的运行模式，积极启动"政融企户保"金融扶贫项目，将阜平县作为开展支农融资业务的首家试点地区，通过发挥保险保障、保险资金以及农村扶贫数据集合等支农优势，提供保险、项目融资、数据信息等综合金融服务。按照"政府政策支持，保险保障增信，保险融资支农，精准扶贫覆盖"的原则，实现政融保联动，为农户和农企提供农业保险和信贷资金支持，形成了一条完整的金融扶贫服务链。

通过实施"农业保险全覆盖"，开发推广特色农业保险和成本价格损失保险，积极探索"保险＋贷款"和保险资金支农融资的新型金融扶贫模式，为农户投资提供保险保障和信贷支持，保险助推脱贫攻坚取得了初步成效。2014 年之前，阜平县农业产业类型单一，以大枣、核桃种植为主，发展基础差，由于风险大、收入不稳定，农民种植面积不断下降。在农业保险先试先行、提供风险保障和融资支持后，阜平的农业产业化程度明显提升。2017 年，阜平县实现财政收入 5.14 亿元，其中城镇居民人均可支配收入 16 072 元，农村居民人均可支配收入 7 405 元，1.34 万贫困人口成功脱贫，贫困人口从 2013 年的 10.81 万人下降到 2.66 万人，贫困发生率由 2012 年的逾 50％降至 2017 年的 13.8％。

◎ 第七章　中国农村产业扶贫成效与经验

一、农村产业扶贫发展成效

(一) 构建了系统完善的产业扶贫政策体系

产业扶贫是中国脱贫攻坚的重要抓手，已经成为覆盖面最广、带动人口最多、可持续性最强的扶贫举措。产业扶贫是最直接、最有效的办法，也是增强贫困地区"造血"功能、帮助群众就地就业的长远之计。回顾中国减贫史，农村产业扶贫政策由早期的手段单一、覆盖面不精准、成效不高转变为当前根据贫困户自身状态、因地制宜实施产业政策，中国的产业扶贫政策体系日益完善。

早期的产业扶贫方式主要通过改善发展环境和促进粮食作物生产的方式带动贫困农户增收，但在整个过程中出现了资金使用闲置和违规、产业扶贫项目推进缓慢且效益低下、扶贫项目不精准等一系列问题。精准扶贫强调产业扶贫的精准性与有效性。基于贫困地区与贫困农户的自身资源条件，因地制宜地推进产业扶贫，包括养殖、光伏、水电、乡村旅游等项目。在扶贫产业选择上，坚持找准定位、突出优势特色；在带贫益贫机制上，坚持培育主体、强化引领带动。在精准扶贫政策的引领下，各地发展了一批特色鲜明的扶贫主导产业，培育了一批联贫带贫的新型经营主体。

在产业精准扶贫的支撑保障方面，一是健全了金融服务体系。从扶贫小额信贷、扶贫再贷款等方面强化金融扶持，鼓励金融机构创新符合贫困地区特色产业发展特点的金融产品和服务方式。二是健全了科技和人才支撑服务体系。鼓励各级技术研发推广机构和技术人员以产业基地为依托，加快科研成果转化应用，加强地方特色农畜产品品种保护利用，推进信息进村入户。加大贫困地区高素质农民培育和农村实用人才带头人培养力度。三是健全了市场支撑体系。改善流通基础设施，大力发展电子商务，建立农产品网上销售、流通追溯和运输配送体系，积极培育产品品牌，提高产品品质。

（二）扶贫产业快速发展，农户收入大幅提升

到 2020 年底，832 个贫困县全部编制产业扶贫规划，累计建成种植、养殖、加工等各类产业基地超过 30 万个，旅游扶贫、光伏扶贫、电商扶贫等新模式新业态加快推进，每个贫困县都形成了 2~3 个特色鲜明、带贫面广的扶贫主导产业。总的来看，中国乡村产业已经进入了多元化和个性化的发展阶段。特色种植、特色养殖、特色食品、特色手工等各具特点的多元化产品和产业使农村产品更加丰富多彩，满足了多样化的市场需求的同时提高了农村居民的收入水平，改善了居民生活质量。贫困劳动力在本县内乡村企业、扶贫车间务工的超过 1 300 万人，占务工总人数近一半。在产业扶贫的带动下，贫困地区农村居民人均可支配收入从 2013 年的 6 079 元增长到 2020 年的 12 588 元，年均增长约 11%，增速比全国农村高 2.3 个百分点（图 7 - 1）。贫困人口工资性收入和经营性收入占比逐年上升，转移性收入占比逐年下降，自主增收脱贫能力稳步提高。

乡村产业繁荣发展，贫困人口产业收入组成以种植业和养殖业为主（占比分别达到 49.53% 和 39.57%），加工业与服务业为辅。分地区来看，西北地区以特色养殖业为主，东北地区与长江中下游地区以种植业为主。2020 年底，产业扶贫政策已覆盖 98.9% 的贫困户，有劳动能力和意愿的贫困群众基本都参与了产业扶贫，直接参与种植业、养殖业、加工业的贫困户分别为 1 158 万户、935 万户、168 万户。以种植业和养殖业为主的

农业生产，是深度贫困地区产业扶贫的重要项目和农民主要收入来源。此外，新疆、西藏和云南等地将风光旅游和文化旅游有机结合起来，休闲旅游业快速发展的同时服务业规模也在不断扩大，分别占当地产业收入的9.87％、6.9％和3.84％，成为区域产业扶贫的主要产业。甘肃产业扶贫对贫困户增收起到了关键性的支撑作用，建立了一批特色农副产品精深加工的产业基地，2020年加工业占贫困人口产业收入的9.94％，为增加农民收入注入了新动能。草果作为云南怒江特有产业，得到了政府的大力支持，已建成规模达108万亩的全国草果核心主产区，覆盖16.5万建档立卡贫困人口。和怒江草果一样，来自"三区三州"等深度贫困地区的四川凉山花椒、甘肃临夏牛羊、南疆林果等一批"小特产"，在政策扶持下也成长为"大产业"。甘肃陇南的油橄榄、贵州的刺梨等特色产业还向产业化、品牌化、专业化方向加速转变。

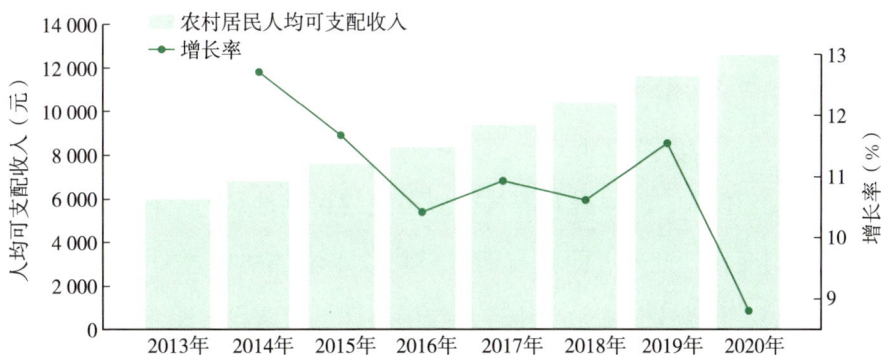

图 7-1　贫困地区农村居民人均可支配收入

受国务院扶贫办委托，中国科学院地理科学与资源研究所负责承担了2016—2020年国家精准扶贫工作成效考核，实地调查了中西部地区603个市县、5 380个村、16万农户。基于调查数据分析了贫困地区产业扶贫的成效。

贫困地区务工人数显著增加（图7-2）。贫困地区务工人员从2016年的20 790人增长到2020年的29 553人，增长率为42.15％。这主要是因为各地各部门积极推动就业扶贫，采取一系列措施（如扶贫车间吸纳、公益性岗位安置等），构建就业扶贫政策体系，推动外出务工和就地就近就业，并强化服务、培训和维权等。数据显示，建档立卡贫困人口中，90%以上得到产业扶贫和就业扶贫支持。此外，不同地区务工人员增长率差异明显，黑龙江显著高于其他地区，增长率为141.3%。黑龙江省把产业扶贫作为巩固脱贫成果、防止返贫的治本之策，引导并支持本地区发展特色优势农业产业和电商、旅游、光伏等新产业新业态。2020年市级以上农业产业化龙头企业达到220个；新增的网商电商带动就业3 379人；各类旅游扶贫点直接吸纳2万余贫困人口就业，同时间接带动10万人就业；新建光伏扶贫电站帮扶10.93万户贫困户就业①。

贫困人口收入水平持续提升。贫困地区农村居民户均收入从2014年的8 904.94元增长到2020年的39 716.19元，年均增长约28.25%。分区域来看，民族地区脱贫攻坚成效显著，2014—2020年，内蒙古自治区、广西壮族自治区、西藏自治区、宁夏回族自治区、新疆维吾尔自治区和贵州、云南、青海三个多民族聚居的省份贫困家庭纯收入累计增加25.458亿元。产业扶持、资金投入、教育提升等扶持政策使得民族地区的整体面貌发生了翻天覆地的变化。此外，西藏自治区户均收入增长率显著高于其他地区，达到了54%。作为全国省级集中连片特困地区，西藏自"十三五"以来累计实施产业扶贫项目3 037个，落实各类产业扶贫资金466亿元。通过产业扶贫直接带动23.8万建档立卡贫困人口如期脱贫，带动全区80多万农牧民增收。此外，各地强化创新产销对接形式，利用"互联网＋"拓宽销售渠道。2020年的前三季度，农产品线上销售保持两位数增长。目前中西部22个省份共认定13.6万个扶贫产品，销售额达到2 276.65亿元。

---

① 人民网-脱贫攻坚网络展-黑龙江篇：http://fpzg.cpad. gov. cn/429463/429470/429480/index. html。

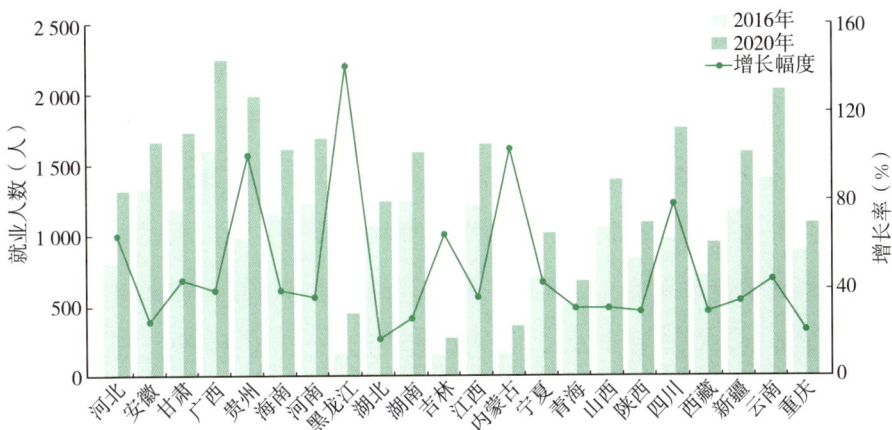

图 7-2　贫困地区就业务工总人数

脱贫攻坚成效不仅取决于农村基础保障得到加强、农业产业发展得到提升、农民收入水平得到提高，更重要的是取决于农民生活幸福指数得以提高。因此，群众对脱贫攻坚的满意度、对产业扶贫政策的认可度成为脱贫攻坚的重要方向指标。国家精准扶贫工作成效第三方评估小组通过问卷调查和入户访谈的方式，分析 2020 年 22 个省份 20 394 个样本对产业扶贫政策以及家庭增收的满意度。结果表明，贫困户对产业扶贫政策总体是满意的。从全国范围内看，58.59% 贫困户反映产业效益好，37.43% 贫困户反映产业效益较好，3.97% 贫困户反映产业效益一般，0.11% 贫困户反映产业效益差。在被调查的 22 个省份中，50% 的省份存在少量贫困户认为产业扶贫效益较差，包括云南省（4 户）、陕西省（3 户）、甘肃省（3 户）、宁夏回族自治区（2 户）、湖北省（2 户）。吉林省对产业效益的反馈最优（46% 的贫困户认为产业效益好，54% 的贫困户认为产业效益较好）。云南、新疆、甘肃和宁夏等地由于地区产业基础较弱、企业经济效益不高、投资回报低等问题，在一定程度上削弱了产业扶贫的效益；而吉林省通过不断优化产业发展模式以促进农户收入增长，截至 2020 年底，吉林省累计创建产业扶贫项目 4 726 个，总投资 111.39 亿元，获得收益 20.9

亿元，共带动农村建档立卡脱贫户 311 326 户、580 387 人。

2020 年对产业扶贫政策对于家庭增收的效果的评价结果显示，全国范围内有 55.17% 贫困户反映产业扶贫政策对于家庭增收效果好，42.49% 贫困户反映产业扶贫政策对于家庭增收效果较好，2.29% 贫困户反映产业扶贫政策对于家庭增收效果一般，0.05% 贫困户反映产业扶贫政策对于家庭增收效果差。分地区来看，27.3% 的省市存在贫困户认为家庭增收效果较差，包括甘肃省（2 户）、广西壮族自治区（2 户）等。甘肃省存在农产品精深加工不足、副产物综合利用程度低和农业机械化程度低的问题，农产品加工转化率仅为 60%，比全国低近 10 个百分点；农业机械化率仅为 66.7%，比全国低 8 个百分点。尽管产业脱贫成效显著，但广西的农民收入、生活水平与全国相比仍有一定差距。2021 年广西农村居民人均可支配收入 16 363 元（全国 18 931 元，广西相当于全国水平的 86.4%），广西农村恩格尔系数 33.3%（全国 32.7%）。而西藏自治区围绕种植业、养殖业、加工业、商贸流通业、文化旅游业和资源开发利用等六大产业不断加大支持力度，2016 年以来累计投入 398.9 亿元，实施产业扶贫项目 2 984 个，带动 23.8 万贫困人口脱贫，受益群众超过 84 万。2020 年底西藏有 87.17% 的贫困户认为产业扶贫政策对家庭增收效果明显，远高于其他地区。当前西藏正全方位巩固脱贫成效，壮大农牧产业经济效益，把产业基地发展起来，把合作社带动起来，把农牧民组织起来，发展农牧区产业。

（三）贫困地区产业发展条件显著改善

扶贫产业的快速发展，为资本、技术、人才等要素进入贫困地区提供了平台载体，加快推动了交通、物流、通信等配套设施建设。据统计，贫困县累计建成高标准农田 2.1 亿亩、农产品初加工设施 4.3 万座，建立科技帮扶结对 7.7 万个，选派科技特派员 28.98 万名，投入资金 200 多亿元，实施各级各类科技项目 3.76 万个，推广应用先进实用技术、新品种5 万余项，支持贫困地区建成创新创业平台 1 290 个，组建 4 100 多个产业技术专家组，招募 4 000 多名特聘农技员，贫困地区产业发展保障更加有力、后劲明显增强。

此外，中央政府支持了大量的优势特色产业集群、现代农业产业园和农业产业强镇的建设。中央财政累计支持建设 180 个优势特色产业集群、300 个国家现代农业产业园和 1 509 个农业产业强镇。这种要素的汇集可以提高生产效率、减少生产成本，应对市场挑战，增加企业之间的互动和合作机会，推动技术创新和产品升级。

（四）贫困群众自我发展能力明显提升

贫困群众是脱贫致富的主体。扶贫减贫既要借助外力，更要激发内力，才能形成合力。中国政府通过产业扶贫，不仅形成了一系列产业联农带贫的有效模式，也培育了贫困群众不等不靠、自强不息、用勤劳双手改变生活的精神品格，将在今后推进乡村全面振兴中持续发挥作用。通过提供扶贫小额信贷支持，培育贫困村创业致富带头人，建立完善带贫机制，鼓励和带领贫困群众发展产业增收致富。截至 2020 年底，全国扶贫小额信贷累计发放 2 100多亿元，累计支持贫困户 1 500 多万户。依托订单生产、土地流转、就地务工等方式，72％的贫困户与新型农业经营主体建立了紧密型利益联结关系。通过产业赋能，70％以上贫困户接受了生产指导和技术培训，累计培养各类产业致富带头人 90 多万人，产业扶贫志智双扶成效十分明显。

二、中国农村产业扶贫经验

（一）坚持精准扶贫方略，因地制宜精准施策

脱贫攻坚贵在精准、重在精准。发展产业是实现脱贫的根本之策。

在脱贫攻坚实践中，坚持精准扶贫精准脱贫基本方略，因村因户因人施策、因地制宜发展扶贫产业，增强了脱贫攻坚的目标针对性，提升了脱贫攻坚的整体效能。通过科学规划，根据不同地区具体情况采取适宜的办法发展产业。在充分调查研究的基础上把脉问诊，遵循"宜农则农、宜林则林、宜牧则牧、宜商则商、宜游则游"的原则，打造特色产业集群，做强特色产业深加工，提升特色产业附加值，带动当地永续发展。

产业扶贫要着眼长远长效，久久为功。一方面要精选既能够贴合区域产业基础、禀赋特征以及自然资源条件，保证产业前景，又能够切实实现对贫困户的再生产覆盖，实现协同发展的产业链条，使贫困地区发展扎实建立在自身有利条件的基础之上。另一方面要注重"鱼渔双授""志智双扶"，激发贫困群众发展的内生动力，确保贫困群众脱贫之后稳步走上致富之路。农村产业扶贫还必须打好"组合拳"，做到"一子落而满盘活"。注重建立稳定的利益联结机制，使企业、合作社和农民结成"命运共同体"，探索、创新贫困户的参与机制和受益机制，让贫困户真正参与和分享产业链增值收益。

（二）坚持遵循产业发展规律，保持产业发展定力

首先，基于资源禀赋和市场需求，合理选择扶贫产业。扶贫产业的选择应注重贫困地区资源禀赋状况及其建设能力，以及产业项目是否具有关联带动效应、是否适应市场需求。扶贫产业既要保证经济效益，又要对接贫困户人力资本特征与生产禀赋条件，从而降低将贫困户纳入产业循环的难度。其次，促进产业融合发展，增强产业的盈利和扶贫能力。贫困地区要增强产业持续稳定带贫能力，关键是要延伸产业链，把就业机会更多留给农民，把产业增值更多留在当地，把经济社会发展利益更多留在农村。再次，切实加强农产品产销对接帮扶，确保扶贫产业长期稳定的经济效

益。最后，还需加大对扶贫产业项目的后续管理力度。制定产业项目后续管理、技术、资金配套跟进措施，避免生产停滞风险。同时因地制宜，有序推进产业升级发展，防止因盲目扩大规模而导致同质化恶性竞争、价格下跌、产品滞销等风险。推进扶贫产业"链"式发展，加快特色种养产业延链、补链、强链，向上延伸到育种育苗，向下拓展到加工、冷链物流、销售等环节。推进扶贫产业深度融合发展，跨界配置农业和现代产业要素，推进已形成的以特色种养为主的扶贫产业与文化体育、教育、旅游、康养、节庆等产业深度融合及数字化转型，打造乡村旅游、乡村服务、乡村信息、乡村电商物流等新兴产业，培育产业发展新动力。

（三）坚持贫困群众主体地位，尊重基层创新创造

在脱贫攻坚实践中，强调贫困地区发展要靠内生动力，贫困群众既是脱贫攻坚的对象、更是脱贫致富的主体，实行扶贫与扶志扶智相结合，既"富口袋"也"富脑袋"。通过教育引导、政策激励、优化帮扶方式和典型示范引领等途径，推动贫困群众转变观念、增强信心，坚定战胜贫困的信念。通过大力推进产业扶贫和就业扶贫，培养贫困群众发展生产和务工经商技能，引导他们用自己的辛勤劳动实现脱贫致富。

发展贫困地区乡村特色产业，是为了拓宽农民增收致富渠道。不断完善利益联结机制，才能确保产业发展的红利更好惠及广大农民群众。这就需要在产业扶贫中始终坚持以人民为中心的发展思想，尊重农民的主体地位，不断创新机制、模式，调动广大农民积极性、主动性、创造性。比如，除了为农民提供就业岗位，还可以通过专业培训等让农民掌握一技之长；在产业项目收益分配过程中，鼓励采取租金、股金、薪金、酬金等多种收益分配方式，真正让广大农民共享产业发展成果。

三、对发展中国家产业扶贫的启示

（一）在产业扶贫对象方面，坚持精准施策、提升帮扶精准性

精准识别致贫原因并开展分类帮扶，精准到户、因户施策是产业扶贫的第一步，也是最重要的一步。精准到具体的贫困户和贫困人口，就要针对不同贫困户和贫困人口的产业基础及文化、技能、年龄、性别差异等，因户因人实施产业帮扶策略。产业扶贫的精准施策需做到"四精准"。一是特色产业选择精准，重点支持贫困村根据资源禀赋条件发展特色种养业和传统手工业，积极发展休闲农业和乡村旅游等新产业新业态，同时依据市场条件和需求选择产业规模和质量。二是经营方式精准，这是以产业发展激发生产经营活力、确保贫困户受益的关键，事关生产力发展，也涉及生产关系调整。三是支持方式精准，注重从产业项目、支撑体系、融资方式三方面来把握和推进，确保支持到点。四是贫困人口受益精准，做到扶贫对象聚力到户、增收时效有序到户、扶贫资金挂钩到户、考评验收明确到户。

（二）在扶贫产业选择方面，坚持找准定位、突出优势特色

产业扶贫实现路径具有多样性，必须因地制宜，根据贫困地区特色产业现状、市场空间、环境容量、新型主体带动能力、产业覆盖面以及市场需求和农民意愿等，选准适合自身发展的特色优势产业。扶贫产业选择可从四个方面把握。一要符合市场规律。产业发展本质上是一种经济活动，要坚持市场导向，遵循市场和产业发展规律。政府发挥作用的核心在于：营造有利于产业发展的市场环境；加强对贫困户的信息服务、技术指导、教育培训、资金扶持等，帮助农户了解并适应市场规律；促进产业发展与贫困人口对接，让贫困人口从产业发展中受益。二要注意小区域与邻近区

域间的精准协调，制定有效精准的扶贫产业规划。同时充分考虑可能的风险，提前将预生产的产品对接到需要它的市场中去，精准化减少未知的市场风险，促进产业生产与销售的良性循环和可持续发展。三要坚持绿色导向。要依托当地自然资源发展环境友好型、生态友好型产业，促进生态环境的有效恢复和保护，因地制宜地推进绿色减贫，实现"绿水青山就是金山银山"。四要强化科技支撑，普及应用农业科学技术，加大贫困农户技术培训力度和专业农技人员培养，延长产业链，提高附加值；注重"互联网＋"、大数据等高新信息技术与产业扶贫的结合，实现各种产业产品线上线下互动销售。

（三）在带贫益贫机制方面，坚持培育主体、 强化引领带动

不断完善带贫益贫的利益联结机制，是实现产业扶贫益贫的关键。一方面，要支持贫困地区加快培育壮大新型经营主体，组建农机作业、农资供应、代耕代种、统防统治、动物防疫等各类农业社会化服务组织，通过政府购买服务向贫困户提供便利高效的农业服务。通过新型经营主体开拓市场，向贫困户提供全产业链服务，提高产业增值能力和吸纳贫困劳动力就业能力。充分培育并调动各类主体发展产业扶贫项目。积极支持贫困地区的各类乡村本土能人、有返乡创业意愿的外出农民工、回乡优秀大中专毕业生自主组织实施产业扶贫项目、推进扶贫产业创业创新，示范带动更多贫困群众参与扶贫产业发展、分享产业增值收益。另一方面，要推广股份合作、订单帮扶等方式，推动贫困户与新型经营主体建立稳定、紧密的利益联结关系。支持有条件的地方以贫困户、村集体、合作社、龙头企业组建农业产业化联合体。完善企业利润分配机制，推广托底收购、保底收益等分红模式，以租金、薪金、股金等形式保障贫困户合理收益。发挥政府扶持资金导向作用，财政扶贫项目资金优先支持增值收益分配向贫困户、带贫效果好的新型农业经营主体倾斜。

（四）在增收稳收能力方面，坚持农民主体、 激发内生动力

脱贫攻坚，群众动力是基础。必须坚持依靠人民群众，充分调动贫困群众积极性、主动性、创造性，坚持扶贫和扶志扶智相结合，正确处理外部帮扶和贫困群众自身努力的关系，培育贫困群众自力更生实现脱贫致富意识，培养贫困群众发展生产和务工经商技能，组织、引导、支持贫困群众用自己辛勤劳动实现脱贫致富，用人民群众的内生动力支撑脱贫攻坚。激发贫困地区的内生动力，培育贫困人口的可持续脱贫能力，是脱贫致富的根本。只有更广泛调动包括贫困户、新型经营主体等在扶贫项目设计、实施及管理、分配等各关键环节中的参与，才能激发出贫困人口的内生动力，并通过产业扶贫项目为贫困地区创造真正有利于当地长期发展的契机。对于贫困户来说，产业扶贫能够提升贫困户的收入、能力、市场竞争意识，并最终提升贫困人口的内生动力。对于贫困地区来说，产业扶贫的实施能够增强贫困人口的自组织能力，提升贫困地区的内生动力。产业扶贫的发展给农民的组织化建设提供了条件和机会，组织发展起来的合作经济组织反过来又有利于当地产业的发展，两者的协调发展有利于农村的经济发展和社会稳定。随着扶贫产业的发展和减贫效果的提升，未来的扶贫产业应在效益性与益贫性之间、多元参与主体之间、脱贫户和脱贫地区之间的"共赢式"体系中寻求更深入的发展，以此推动扶贫产业的转型升级和农户收入的大幅提高。

参 考 文 献

刘明月，汪三贵，2020. 产业扶贫与产业兴旺的有机衔接：逻辑关系、面临困境及实现路径 [J]. 西北师大学报（社会科学版）(4)：137-144.

唐红涛，谢婷，2022. 数字经济视角下产业扶贫与产业振兴有效衔接的机理与效应研究 [J]. 广东财经大学学报，37 (4)：30-43.

涂圣伟，2020. 脱贫攻坚与乡村振兴有机衔接：目标导向、重点领域与关键举措 [J]. 中国农村经济 (8)：2-12.

汪三贵，冯紫曦，2019. 脱贫攻坚与乡村振兴有机衔接：逻辑关系、内涵与重点内容 [J]. 南京农业大学学报（社会科学版），19 (5)：8-14，154.

曾本祥，2006. 中国旅游扶贫研究综述 [J]. 旅游学刊 (2)：89-94.

张晓婧，2013. 中国农村扶贫战略的产业逻辑分析 [J]. 中国商贸 (33)：115-116，119.

ALAM A S A F, BEGUM H, MASUD M M, et al. , 2020. Agriculture insurance for disaster risk reduction：A case study of Malaysia [J]. International Journal of Disaster Risk Reduction，47：101626.

FéLIX E G S, BELO T F, 2019. The impact of microcredit on poverty reduction in eleven developing countries in south-east Asia [J]. Journal of Multinational Financial Management，52-53：100590.

HUANG C, JIN H, ZHANG J, et al. , 2020. The effects of an innovative e-commerce poverty aleviation platform on Chinese rural laborer skills development and family well-being [J]. Children and Youth Services Review，116：105189.

HUANG Y, JIAO W, WANG K, et al. , 2022. Examining the multidimensional energy poverty trap and its determinants：An empirical analysis at household and community levels in six provinces of China [J]. Energy Policy，169：113193.

图书在版编目（CIP）数据

中国农村产业扶贫政策与实践／中国国际减贫中心
编著. -- 北京：中国农业出版社，2025.3. --（中国
减贫与发展经验国际分享系列）. -- ISBN 978-7-109
-32659-0

Ⅰ. F323.8

中国国家版本馆 CIP 数据核字第 2024E8U220 号

中国农村产业扶贫政策与实践
ZHONGGUO NONGCUN CHANYE FUPIN ZHENGCE YU SHIJIAN

中国农业出版社出版

地址：北京市朝阳区麦子店街 18 号楼
邮编：100125
责任编辑：郑　君　　文字编辑：张斗艳
版式设计：杨　婧　　责任校对：吴丽婷
印刷：中农印务有限公司
版次：2025 年 3 月第 1 版
印次：2025 年 3 月北京第 1 次印刷
发行：新华书店北京发行所
开本：700mm×1000mm　1/16
印张：7.75
字数：103 千字
定价：68.00 元